SI Libretto —003

ケータイ世代が「軍事郵便」を読む

専修大学文学部日本近現代史ゼミナール編

専修大学出版局

パゴダ前の日本兵
後列左２人目・博美

出征前の家族
前列中央・博美　後列右２人目・冨美子　左５人目・敬子

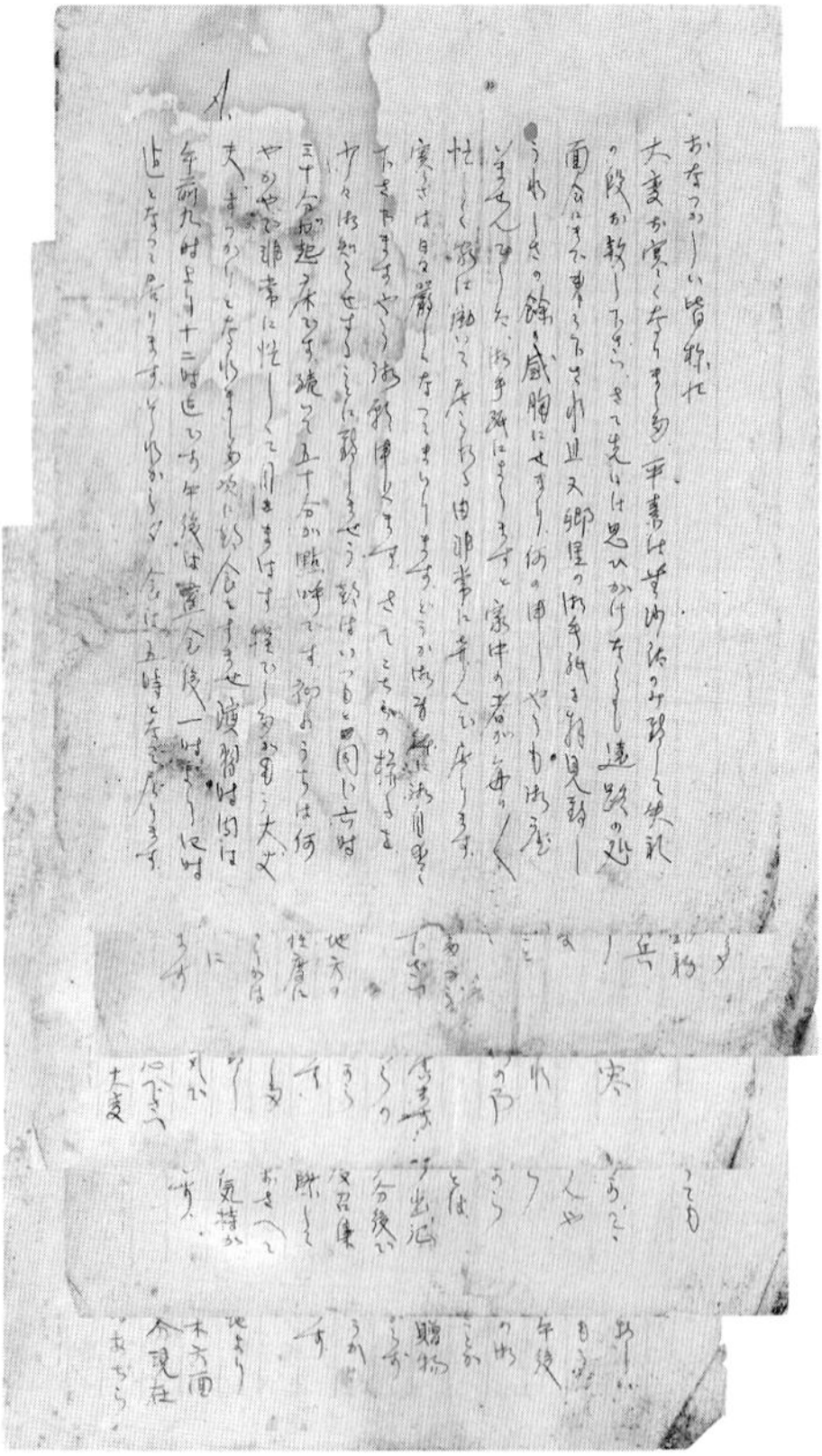

小泉博美さんがビルマ方面へ向かう前の、内地からの最後の手紙（便箋５枚、本書31頁に全文掲載）

父親宛の小泉書簡。どの葉書も細かな文字でぎっしり書き詰められている。

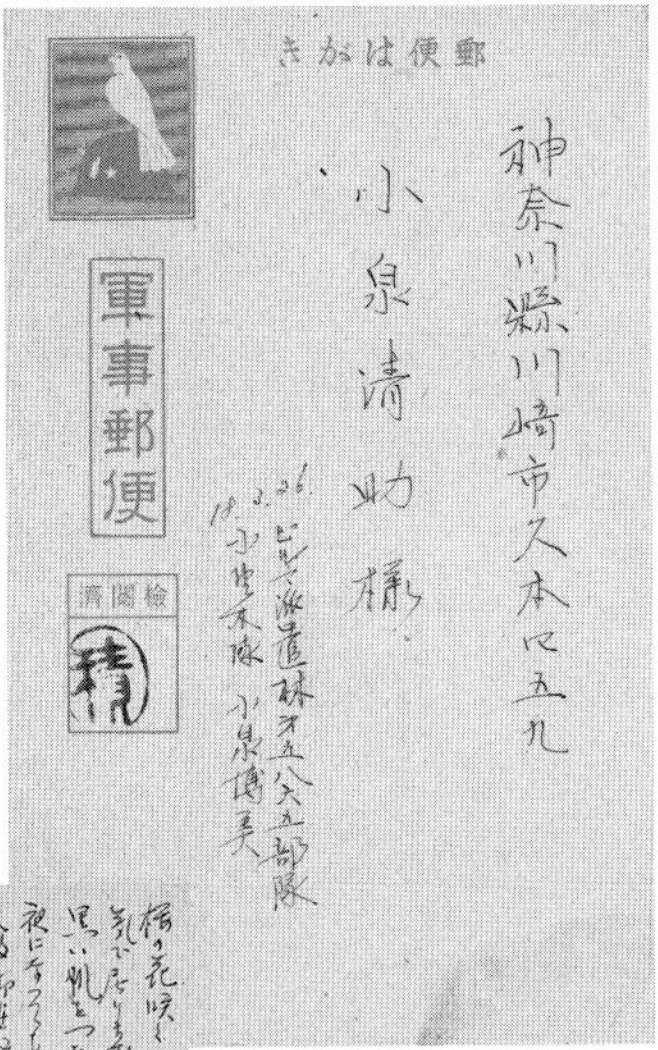

郵便はがき

神奈川縣川崎市久本四五九

小泉清助様

軍事郵便

検閲済

ビルマ派遣林第五八六五部隊

小島隊　小泉博美

18.3.26.

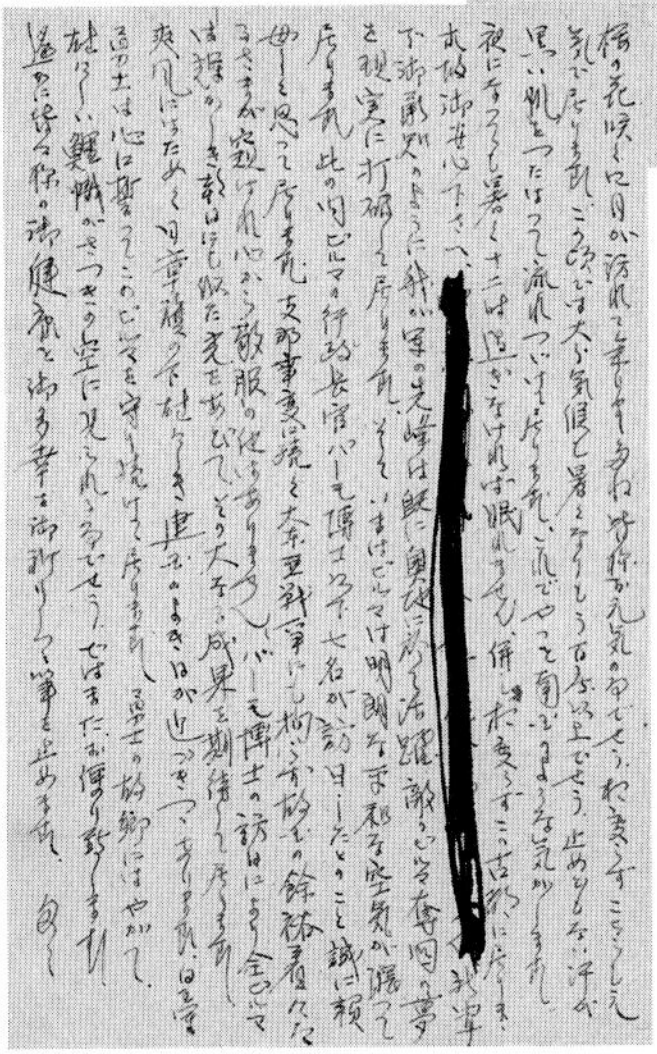

自分の郵便を自分で検閲しためずらしい書簡。

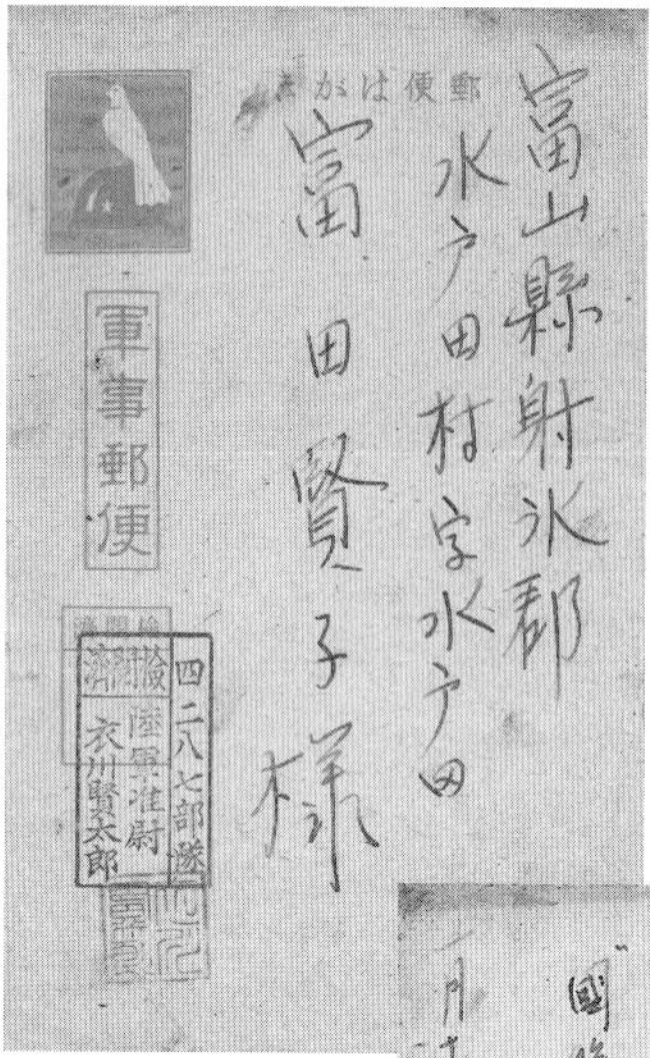
郵便はがき

富山縣射水郡
水戸田村字水戸田
富田賢子様

軍事郵便

検閲済 陸軍准尉 衣川賢太郎

四二八七部隊

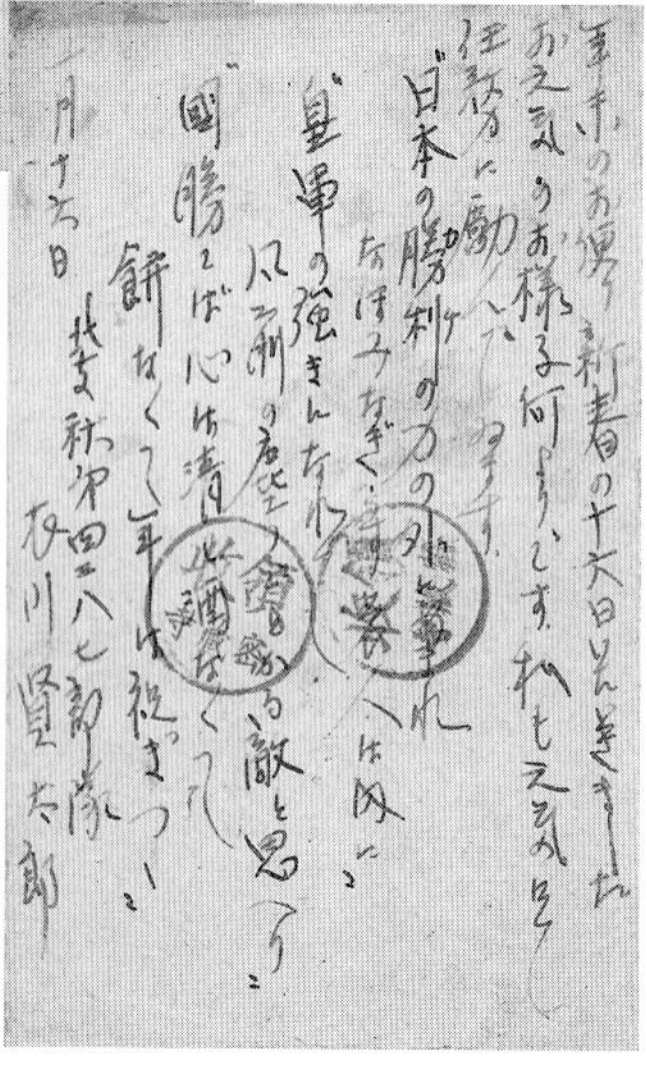
一月十六日

衣川賢太郎

はしがき

皆さんは一年間のうちに、どれだけの手紙を出しますか?
最近は携帯電話やパソコンによるメール交換が主流となり、昔と比べると、手紙のやりとりは随分と減ってしまったように思います。それでも、多くの人は年賀状や暑中見舞いといった季節の挨拶は行っていると思いますし、もしかしたら誰かと文通をしているという人もいるかもしれません。

本書がテーマとするのは、私たちが所属している専修大学文学部人文学科歴史学専攻の日本近現代史ゼミナール(以後、近現代史ゼミと略称　指導教授・新井勝紘)が継続して解読や調査を行っている「軍事郵便」についてです。軍事郵便というと、軍事機密文書のようなものを思い浮かべる方もいるかもしれません。しかし、私たちがここで紹介するのは、アジア・太平洋戦争期において、ごくごく普通の兵士が家族や友人、恋人などに宛てて書いた手紙です。

軍事郵便といっても、ほとんどの人はぴんとこないかもしれませんので、ここで簡単に軍事郵便とはどのようなものなのか説明しておきたいと思います。

軍事郵便とは、一八七四年に軍隊を含めた省庁が非常時に用いる郵便制度として布告された「飛信逓送規則《ひしんていそう》」に端を発した、一般の郵便制度とは異なる制度の下にある郵便のことです。日清戦争時には「軍事郵便規則」が制定され、公用の郵便に加え、戦場にいる兵士が内地の家族や友人などに宛てた私用の郵便の取り扱いも始まりました。政府省庁間だけではなく、今回紹介するような、一般の人たち同士が交わす軍事郵便は、この時期からスタートしているといえるでしょう。

その後、制度としては日露戦争時に確立し、一九四六年にその制度が廃止されるまで続きます。戦地と内地との間で取り交わされた軍事郵便の正確な総数は把握されていませんが、日清戦争の段階ですでにおよそ千二百四〇万通にのぼり、日露戦争時にはこの数はさらに増えて四億六千万通余りという膨大な数になりました[1]。これに加えて、アジア・太平洋戦争期に取り交わされた軍事郵便があります。そこで動員された兵士の数を考えれば、その数は相当なものになると思われます。

私たちは近現代史ゼミを専攻している学生（以後、ゼミ生と呼称）とはいえ、専修大学に入学して初めて軍事郵便の存在を知ったというのがほとんどです。初めて本物の軍事郵便に触れた時、戦争中にもかかわらず、このような何気ない、普通のやりとりをしているなんて思いもしなかったといった感想を持ちました。また、戦地に赴いた兵士の心情というものは、自分たちとはまったくかけ離れたものなのではないかという考えを持っていたゼミ生もいます。このような考えを持つ方は、きっとこの本を手に取られた方の中にもいるのではないかと思います。

ところが、軍事郵便を読み進めるにつれ、そのような考え方が次第に覆されていきました。手紙の中では、ある人は外国を訪れたことによる素朴なカルチャーショックについて述べ、またある人は折に触れ内地に残してきた子どもたちの学校の成績を気にし、さらに身籠った妻の体調を気遣っていました。このような、内容としては現代の私たちの間で取り交わされていても何の不思議もないやりとりが、この軍事郵便を介して行われていたのです。

しかし、その一方でまた、軍事郵便は凄惨な戦場の様相も伝えています。軍にとって不都合である内容――例えば、彼我の兵力の差、戦闘の状況をはじめとする軍機の漏洩や、銃後の戦意を阻喪させかねないネガティブな文章など――を検査し、必要に応じて添削し、読めなくさせるための墨塗りなどを強制する検閲制度も存在しました。

それでも、莫大な量の郵便をすべて完全に検閲するだけの余裕がない局面も少なくなかったためなのか、あるいは兵士同士で融通を利かせていた[2]ためなのか、検閲を潜り抜け、戦闘の状況などがありのままに記された手紙が内地までたどり着いた場合も少なくありませんでした。

　例えば、先に紹介した、子どもたちのことを頻繁に心配していた兵士は別の手紙で、中国人の集落の焼き討ちに参加したことや戦友の死について妻に報告しています。また、ある兵士は、他人には絶対に漏らしてはならないと固く伝えた上で、中国人の斬首された光景を写した写真を送ってきています[3]。

　こういった衝撃的な内容が、先に述べたような何気ない手紙の、翌日に書かれて投函された場合もありました。このように、現代に取り交わされていても不思議でない手紙と、凄惨な戦地の様子を伝える手紙とが、同じ兵士によって書かれるということに注目しなければならないと思います。つまり、このことから、戦地に赴いた人々は、私たちとかけ離れた存在ではなく、ごく普通の人だったということが理解されます。また、それは、そのようなごく普通の人が戦場という異常な空間へ行かねばならなかった時代背景に目を向けることにもつながってきます。

以上に述べてきたように、軍事郵便は日常的な描写と、戦争という非日常の描写とを併せもって読み取ることができる史料です。この意味では、当時、兵士が直に接していた空間の一端を今に伝える、貴重な歴史史料であるともいえるでしょう。

さて、近現代史ゼミでは二〇〇二年以来、毎年ゼミ全体で行うグループワークとして、研究室にある軍事郵便の解読に取り組んできました。ここで、私たちがどのようにして軍事郵便の解読を行ってきたのかについて紹介したいと思います。

この本では、小泉博美《ひろよし》書簡、衣川《きぬがわ》賢太郎書簡の、二人の書簡を取り上げていきますが、いずれも基本的な作業は、これから紹介する方法によって行われました。

まず、軍事郵便の解読に先立って、その郵便がいつ、どこから、どこへ出されたのかといった基礎的な情報の収集を行います。そのために手紙ごとに、形態（封書か、葉書かなど）、宛先、差出地、検閲の有無等を調べ、目録カードを作成していきます。

このようにして収集した基礎的なデータを基にして、特定個人間で取り交わされた書簡に仮に呼び名（例えば、小泉博美さん及びその戦友の方々が家族とやりとりを行った書簡なら「小泉博美書簡」といった具合になります）をつけます。これをひとまとまりと考え、手紙が出された順番に整理しながら、具体的な内容を読み取っていきます。

そして、この解読作業と並行して、その書簡を交わした人物や、そのご親族など、手紙の関係者を探す作業も行います。その結果、小泉、衣川両書簡ではそれぞれご本人はすでに亡くなられていましたが、ご親族と連絡を取ることに成功し、さまざまなお話を聞くことができました。

こうした研究成果をもとに、二〇〇四年には、『専修史学』第三七号において「一兵士の〝ビルマ便り〟を読む――小泉博美の一〇三通の軍事郵便研究Ｉ」を掲載させていただき、翌二〇〇五年には、小泉書簡を中心としたミニ企画展を行い、各方面から多くの反響をいただきました。

そして、そのようなゼミの活動を引き継ぎ、現在でも各学年で継続して軍事郵便の研究活動を行っています。その過程のなかで、最初に取り上げた小泉書簡に続いて、衣川書簡においても直接のご親族のお話を聞くことができ、調査の成果を報告できるようになりました。

そのような折、専修大学の出版企画委員会が、学生たち自身による本の企画とその執筆を募っているという話を、ゼミの担当の先生から聞いたのです。それを受けて私たちは、これまでのゼミの成果をまとめるよい機会なのではないかと、皆で話し合い、積極的に応募してみることにしたのです。これが今回の刊行につながることになった経緯です。

本書のタイトルには、「ケータイ世代」という言葉を使っています。これは本書が、戦争を知らない世代、とりわけ日常的に携帯電話を使って、手紙をあまり書かない世代が、軍事郵便という生の史料を通して「戦争」と向き合い、それぞれがどう考えたのかを、広範な人びとに伝えるというコンセプトのもとでつくられたことを理由としています。

第一章は、このゼミナールの学部生、大学院生及びすでに大学を巣立っていった卒業生らも参加して行われた、小泉博美さんの妹さんたちを囲んでの座談会の様子を活字化しました。軍事郵便やゼミでの研究活動について、それぞれの立場から意見を出し合っています。

第二章では、二〇〇五年七月に行った企画展示「戦没兵士の〝ビルマ便り〟――故郷・川崎に届いた百余通の軍事郵便」展に関する成果報告と、その反響に触れています。

第三章では、小泉書簡の内容についての分析を、「帝国」というキーワードをもとに行っています。

第四章では、衣川書簡の分析とその関係者追跡の旅を紹介しています。

第五章では、衣川さんのご子息・古川春馬さんに、二〇〇七年六月に行った聞き取り調査を報告しています。

終章では、軍事郵便に触れたゼミ生の座談会を記録しました。

本文を執筆したゼミ生は、

はしがき、第一章、第二章　神崎梨沙

第三章　浦田大奨

第四章、第五章　栃折敬子

インタビュー、座談会のテープ起し　青沼大輔、堀江隼人

また、各章の終わりにコラムを設けました。ここには、各書簡の研究に携わったゼミ生（現役生・卒業生）によるコメントを掲載しています。ここからは、軍事郵便研究を通して各ゼミ生が学びとったことが実に多様であることを、理解していただけるのではないかと思います。

なお、今回の出版に向けて、近現代史ゼミでは二〇〇七年から、現役の三、四年生と学部ゼミ卒の大学院生とを中心に編集委員会を立ち上げ、刊行に向けて企画・執筆を進めてきました。

このように、学生が中心となって進めた企画ゆえ、至らない点も多々あるかと思いますが、この本から、私たちの軍事郵便に関する研究活動を広く皆さんに知っていただくとともに、軍事郵便が取り交わされていた当時の兵士や家族の心境に少しでも想いを馳せていただけたら幸いです。

最後に、本書で紹介や引用している軍事郵便の中に、今日的な観点からすれば不適当な表現や差別的な記述などが出てくる場合がありますが、できるだけ執筆当時の原文を尊重する見地から、そのまま使用していることをご了解下さい。差別を助長する意図は微塵もないことをお断りしておきます。

二〇〇九年九月

日本近現代史ゼミナール

注

（1）軍事郵便の概略については、新井勝紘「軍事郵便の基礎的研究（序）」（『国立歴史民俗博物館研究報告』第一二六集、二〇〇六年）に詳しく述べられています。

（2）検閲制度については明らかになっていない点も多くありますが、兵士自身が検閲を行っていた場合もあると考えられます。

（3）新井勝紘「パーソナルメディアとしての軍事郵便——兵士と銃後の戦争体験共有化」『歴史評論』二〇〇七年二月号。

ケータイ世代が「軍事郵便」を読む　〈目次〉

第三章　軍事郵便が記録する戦時下の日本とビルマ

――「帝国」内を往還する八八通の手紙――

第四章 衣川《きぬがわ》書簡の分析と関係者追跡の旅

第五章　ご子息・古川春馬さんとの出会い

から夕食は五時となって居ります、晩の點呼は八時三十分消燈が九時です、毎日こうした平凡な生活を続けて居りますが、此の他いろ〳〵と勤務があるのです、例へは不審番とか中隊当番とか或は衛兵などであります、然し一面には楽しいこともあるのです、それは晩の夕食後は點呼迄自由に行動したり、或は酒保へ行ってゆっくりと甘いお菓子をたべたりすることが出来るのです、これは自分が初めて軍隊生活をして日々を送る日課のやうなものです。軍隊へ入ってから一番つらいと思ったことは洗濯よりも針仕事の方です、笑はないでください、生れつき下手と云ふわけでもないでせうが？

次に食事の事をお話し致しませう、軍隊の食事は地方の飯米の様に外米は入って居りません、然し米と麦とが半分程度に混入され居る《(ママ)》のです、然し自分はそれを苦痛と感ずるよりかは大変たべよいと思って居ります、然し時にはその御飯の中に「もろこし」「小豆」「大豆」「とうもろこし」等が混入せられます、それ等の御飯もさして不自由とは思ひません、以上いろ〳〵と書きつらねましたが、これで幾分軍隊の内容も御わかりでせう、

さて次にこちらから皆さん方に御訪ね致したい事はそれ以上に沢山あるので

小泉博美書簡を読むことになった経緯や、小泉書簡そのもの、そしてその主な差出人である小泉博美という人物について、概要を説明しておきたい。

第二章で取り上げる企画展示は、私たちが「小泉書簡」と呼んでいる軍事郵便を中心に展示したものであった。そこで、まずはこのゼミナールにおいて、この小泉書簡を読み始めた経緯について、簡単に述べておきたい。

「小泉書簡」とは、小泉博美さんが、家族である小泉家に宛てて書かれた軍事郵便の束の総称である。博美さんが差出人となっているもの八八通、彼の戦友などが小泉家に宛てて書いているもの一五通（計一〇三通）を確認している。企画展示は、このなかでも、博美さんが差出人となっている手紙八八通を取り上げて行った。

ゼミナールでは、「はしがき」にある通り、二〇〇二年から教材として軍事郵便を取り上げるようになった。ゼミで使用するのは、指導教授である新井教授が個人的に収集した軍事郵便である。その数は膨大で、二〇〇七年八月現在で七千通を超えるほどになったが、教材として使用し始めた当時は軍事郵便の存在自体知らないゼミ生も多く、ましてそれが歴史史料となりうることなど、考えも及ばなかったのではないかと思う。そのようななかで、宛先が川崎市になっている軍事郵便の束があることに気

がついた。そして、二〇〇三年四月から、大学所在地と同じ川崎市に宛てられた手紙なら、私たちも少しは身近に感じることができるだろうというごく単純な理由から、この軍事郵便の束を読み始めることになった。それが、ここで取り上げる小泉書簡である。

手紙の差出人は、その多くが「ビルマ派遣林第五八六五部隊　小野木隊　小泉博美」となっていた。また、川崎市久本《ひさもと》に宛てられた手紙がほとんどで、なかでも「小泉清助」「小泉冨美子」と書かれているものが多くを占めていた。これらの手紙がどのような状況の中で出されていたのか、あるいは差出人と受取人とはどういった関係なのかなど、読み始めた当初はまったく想像のつかない世界だったが、その当時のゼミ生（二〇〇三年度〜二〇〇五年度卒業生）で、一人数通ずつ担当し、解読作業を進めていった。ただ、たった六〇年ほど前に書かれた手紙とはいえ、一種の古文書である。旧字体やいまは使われない仮名（変体仮名）なども多い。達筆な崩し字で書いてあるものもある。これを一言一句間違えずにすらすらと読めるゼミ生はほとんどいなくて、はじめは古文書字典などで一字一字引きながらの解読作業であった。それでも、家族の安否を気遣う様子、ビルマの風景や風俗を少しでも家族に伝えようとする様子など

を読み取っていくうちに、この手紙を書いている小泉博美とはどういった人物なのか、あるいは彼が頻繁に手紙を出している小泉家の人びとについて、ゼミ全体が次第に関心をもつようになっていった。

こうして三分の一ほど読み進めた頃、宛先の地が大学からそう遠くないところであることがわかってきた。そして、当時四年であった本山創造がバイクを飛ばし、手紙に書かれている住所をもとに現在の高津区役所などで確認し、宛名に書かれた小泉家を確かめ、突撃電話して、ついにコンタクトを取ることができたのである。その結果、小泉博美さんがビルマ（現・ミャンマー）で戦死していたこと、彼の妹さんである小泉冨美子さんと仲道敬子さんはまだご健在であることなどが明らかになった。

これを受けてゼミでは、二〇〇三年七月一七日、小泉冨美子さん、仲道敬子さんを大学に招いてインタビューを行った。この貴重な機会には、当時のゼミ生全員が参加した。ここでも、また新たにいろいろとお話を伺うことができ、手紙を読んでいただけではわからなかった部分も随分明らかになった。博美さんの人となりや、家族の方々の様子、戦地に送られる彼を見送ったときの様子など、具体的なこともわかってきた。また、当時を思い出されたのか、時々目に涙を浮かべながら語る妹さんたちの

姿を見て、その場にいたゼミ生一人一人が、戦争について、あるいは兵士や残された家族の心境に思いを馳せ、それぞれが得たものは大きかった。

小泉博美さんとその軍事郵便の特徴

ここで、小泉書簡の中心的な差出人である小泉博美さんと、小泉書簡のなかでも博美さん自身が書いた八八通の軍事郵便の特徴について、簡単に紹介しておく。

博美さんは、一九二〇年四月二二日に神奈川県川崎市久本（現・高津区）に生まれた。上に姉一人、下に妹二人の家庭の長男であり、一家の跡継ぎとして将来を期待されていた。また、幼いころから勉学に秀でており、学校の成績はいつも上位であったという。そのため、一時は医者になることを勧められたものの、家業を継ぐこととなった。それが、米穀共販所（米の販売所、主に配給関係の仕事を行う）の会計の仕事である。

しかし、一九四一年一二月、博美さんのもとに召集令状が届き、のちにビルマに派遣されることとなった。この当時、日本軍は、東南アジアを武力制圧して石油などの資源を手に入れることを目的とした作戦・方針を打ち出していた。博美さんが所属し

ていた部隊がビルマ方面に派遣されたということも、そのことと関連していると思われる。

博美さんは、そのビルマから、日本にいる家族に向けて数多くの軍事郵便を送っている。

ただ、博美さんの手紙には、激しい戦闘の場面が書かれることはほとんどなく、多くは家族の安否を気遣うもの、自分は元気だから安心してほしいといったことを伝えるもの、故郷からの手紙を非常に楽しみにしている様子を伝えたものなどである。検閲にかかることに配慮して書かれたものであるということを見落としてはならないが、行間からは博美さんの穏やかな人柄が伝わってくる。また、ビルマの風景、風土を伝える手紙も多く、初めて訪れた海外の地で出合ったさまざまなものや人に関して、博美さんなりの所感が記されている。なお、博美さんは家族だけでなく、高津高等女学校（現・川崎市立高津高等学校）にも、〝ビルマ便り〟と称して、ビルマの風土を伝える手紙を送っている。女学校では手紙が届くたびに、廊下の壁に貼り出していたという。

しかし、このような手紙のやりとりは、そう長くは続かなかった。博美さんは、一

九四四年、インドからの連合軍の攻撃を封ずるために行われたインパール作戦に参加し、同年三月二七日にビルマ・カウペンインダーギー完勝山の麓で戦死したとされている。インパール作戦といえば、当時戦況が悪化してきたビルマ戦線において苦肉の策として打ち出されたものであり、食料・武器・弾薬等は現地での調達に依存するなど、無謀な作戦であったことで知られている。この作戦での日本軍側の戦死傷者数は約七万二千人とも言われている。この時、博美さんは享年二五歳である。ご遺族によれば、インパール作戦に参加する際にインダーギーに駐留しており、そのときに連合軍の空襲を受けて戦死したということを、博美さんの戦友から聞いたとのことであった。戦死の公報は、翌月末日に家族のもとに届けられたが、そこには遺骨がなかった。また、戦争が終わって三、四年を経た頃に帰ってきたのは、博美さんの入隊時にとっておいた爪と髪、そして、親指大の誰のものかもわからないような骨だけであったという。数多くの兵士が戦地で死にゆくなかで、小泉博美という一人の人間の死がいかにないがしろにされたのか、そのことを知るには、十分すぎるほどであろう。

軍事郵便は郵送に時間がかかるため戦死の公報後も、家族のもとにビルマからの博美さんの軍事郵便が届いていたこともあり、家族はそのたびに「博美はまだ生きてい

るのでは」と思ったという。

現在、博美さんは小泉家の菩提寺である川崎市高津区久本の竜台寺で、父親や母親とともに眠っている。ゼミ生全員で墓参したことも、強い印象として残っている。

博美さんがどれほどの数の軍事郵便を家族に宛てて送ったのかは、正確には明らかでないが、少なくとも私たちが確認しているのは八八通で、出征直後と思われる時期から一九四四年一月までのものである。これに加え、博美さんのご両親が「残しておいても未練だから」と言って燃やした手紙、その他何らかの理由で紛失してしまった手紙があったことを考えれば、相当な数になると思われる。手紙の焼却は、たった一人の息子を亡くした親の無念の思いの発露といえよう。約二年間という短い期間に、葉書いっぱいに書き詰めた文字からは、一人の青年が戦争という異常な状況において体験した〝生と死〟の一端が浮び上がってくる。

次に掲げるのは、ビルマ方面へ向かう前の、本人が書いた内地からの最後の手紙である。現存するのは便箋5枚（本書口絵に掲載）で、封筒未確認のため詳細は不明である。

小泉博美書簡1

おなつかしい皆様江
大変お寒くなりました、平素は無沙汰のみ致して失礼の段お赦し下さい、さて先日は思ひがけなくも遠路の処面会にまで来て下され、且又郷里の御手紙を拝見致し、うれしさの餘り感胸にせまり何の申しやうも御座いませんでした、御手紙によりますと、家中の者が毎日〳〵忙しく家に働いて居られる由、非常に喜んで居ります、寒さは日々厳しくなってまいります、どうか御身体に御自愛下されますやう御願申上ます、さてこちらの様子を少々御知らせすることに致しませう、朝はいつもと同じ六時三十分が起床です、続いて五十分が點呼です、初のうちは何やかやで非常に忙しくて目をまはす程でしたが、もう大丈夫、すっかりとなれました、次に朝食をすませ、演習時間は午前九時より十二時迄です、午後は昼食後一時より四時迄となって居ります、それ

第一章　小泉博美《ひろよし》書簡八八通との格闘

小泉書簡との出合い

私たち専修大学日本近現代史ゼミナールでは、二〇〇五年七月に「戦没兵士の〝ビルマ便り〟――故郷・川崎に届いた百余通の軍事郵便」と題して、企画展示を行った。大学の生田校舎九号館三階にある図書館入り口横のスペースを使ったごく小さな展示であったが、大学の内外を問わず、多くの方に見ていただき、さまざまな反響があった。それは、戦後六〇年という節目の年にアジア・太平洋戦争について改めて考えるという企画であったことと、「軍事郵便」という史料を使って、「一兵士の視点」という切り口から戦争に迫ろうとしたこと、そしてその兵士と同世代である学生が中心になって行った展示であるということが、反響をよぶ主な要因であったと思われる。

本章では、この企画展示について理解していただく前提として、このゼミにおいてす、先づ第一に家の事、第二に販売所の事、第三に近所の様子及び最近の戦況ニュースです、然しどれもこれも軍服を身につけた自分にはかぎりが御座います、思ふ様にならない身の上を御察し下さい、若しも、そちらからの御手紙が戴ける様になりましたら直ぐ御傳へ致しますから、お暇を見てなんなりとお知らせ下さいます様御願致します、自分も今日で軍隊生活の十四日目を無事に終りました、軍人と云へば幹部候補生も志願致しましたが、お話致しました様な状態です、然しこうなった以上、あくまで元気で力強く頑張るつもりです、他事ながら自分の事は御安心下さい、御目にかゝってもわかったでせう、自分は此処十日間位で大変ふとって身体も大分出来てまゐりました、もう何をやうても大丈夫です、郷里の方の皆さんは如何ですか？家中のものは勿論、精米所や溝之口の家の者はどうですか？又柴原さんのお升さんや販売所のとよ子さんやきくちゃんや従業員の方々は元気ですか、手紙が出せる様になったらうど（ママ）か沢山出して下さい、たのしみにして待って居りますから御傳へ下さい、さて出征後の今日になっても思ひ残ることは、たゞ一つあるのです、それはいろ〳〵とお世話になりながら、出征の朝充分の名残を惜むことの出来なかった事です、多分後で情もなにもないやつだとお思ひでせう、然し自分も一度召集令を受けたからは、これでも帝国の軍人です、別れに際して涙は見せたくなかったのです、それ故おしせまる胸をおさへて充分の挨拶もせず出発致しました、自分のこうした気持が少しでもわかっていたゞけるなら、非常にうれしいのです、不幸の罪幾重にもお詫び致して居ります、今晩は、先日皆さんのお心づくしとして持って来て下さった新しい便箋と封筒になれない筆を走らせて居ります、只今はもう消燈後の修寝《（ママ）》時間です、自分の時計の針は今丁度午後十一月《（ママ）》三十五分を示して居ります、丁度光ちゃんが先日の御手紙を書かれたのも此の頃であったでせう、お察しすることが出来ます、明日は晴れてうれしい面会日です、何か贈物でもと随分心配したのですが何も御座いません、あしからず、幸「ほまれ」のたばこが二三御座いますから、記念の為どうか御受納下さいませ、又今日酒保で買った絵本が御座いますから、これもどうか御自由に御分け願ひたいのです、いろ〳〵と書きつらねましたが、これがおそらく内地よりの最後の御手紙と存じます、最近日中にいよ〳〵某方面に参る事に決定致しました故、第二日曜に

は多分現在の処には居らない積りです、又いづれ近日中にはあちらより御手紙を出す事が出来ると思ひます（以下後欠）

小泉博美さんの人柄と召集前後

ここでは、二〇〇三年七月一七日に行った、小泉博美さんのご遺族の方へのインタビューの様子を紹介したい。

インタビューの相手は、小泉博美さんの二人の妹さん、川崎市在住の小泉冨美子さんと仲道敬子さんで、専修大学生田校舎に招いて行われた。質問事項の整理をはじめ、お二人の送迎、座布団や茶菓の用意などの準備は私たちゼミ生が担当した。

インタビューでは博美さんがどのような人物であったのか、あるいは彼の軍事郵便のことなどを中心に伺った。また、戦地に赴く彼を見送ったときの様子や、その彼の無事の帰還を待ち続けていた状況、そして彼の戦死の報を受けて、ご両親や姉妹など家族がどう感じたのかといったことを二時間以上にわたって語っていただいた。参加した教員とゼミ生（五十音順）は、以下の通りである。

教員　　　　　　　新井勝紘

二〇〇三年度卒業生　大須賀悠起子・佐藤　圭・椎名誠二・塩川広之・星野大助・本山創造・山崎香織・山本拓実・和谷征幸

四年生　　　　　　朝倉裕子・上竹奈緒・荻原悠司・杉山比呂之・竹原敦子・東海林ひとみ・中原奈美・丸岡　隼・山本由児・吉本絵美・渡部裕章

三年生　　　　　　浦田大奨・神崎梨沙・郡司　篤

なお、プライベートな内容にもかかわらず、掲載をご了承いただいた小泉冨美子さん、仲道敬子さんに心より御礼申し上げます。

新　井　主に学生が質問しますので、失礼なことも申し上げるかもしれませんが、ご容赦ください。では、学生たちが質問事項を準備してきたので、少しお話をお聞かせ願えますか。

学　生　それではまず、小泉博美さんについてお話を伺いたいと思います。博美さんはどのような方だったのでしょうか。

冨美子　兄は大正九年（一九二〇）四月二二日生まれで、いま生きていれば八三歳（二〇〇三年当時）。体型は痩せ型で、背が高く、スラッとしていました。小さい頃は頭が大きかったらしいんですけど、大きくなると「自分は八頭身ある」と自慢していました。私と違って、勉強は全然しないんですけど、とても頭が良かったんですね。私が夜勉強していると、「もう休みなさいよ」「学校で先生の言うことを聞いていればわかるでしょう」とよく言っていました。大体一〇時以降は寝ていましたね。私とはよく喧嘩していました。兵隊に出たときに、幹部候補生に志願したんですけど、すぐに戦地に行くからそれはできないと言われたそうです。

そうそう、これは隊長さんが手紙で知らせてくれたことなんですけどね。船の中で「軍人勅諭を言える者はいるか」と聞かれて、手を挙げたら指名されたらしいんです。そのときに、「女だけの兄弟で男らしくない、そんなおとなしい奴に言えるものか」と、半分馬鹿にされたらしいんですけど、それが立派に言えたんです。普段おとなしくても、いざというときには性格が出るんでしょうね。

学　生　博美さんが召集されたときの様子を教えてください。あと、召集される前は何をされていたんですか。

冨美子　米穀販売所で、会計として勤めていました。兄は午前中に召集令状を受け取ったけど、私たち家族には（すぐ）知らせなかったんです。周りの人が、「博ちゃん、自分の家の人に言わなくていいの？」と聞いたら、兄は「吉田松陰の辞世の句ではないけれど、『親思う心にまさる親心、今日のおとずれなんと聞くらん』。一時《いっとき》でも遅く親に知らせたほうがいい」と言って、結局自分からは知らせなかったんですね。だから、私たち家族は、召集令状が来てから何日か経ったあとに、ほかの人から「召集令状来てるよ」と教えられたんです。でも、兄は「あくる日、帰ってから言えばいい」と、その日は立派に勤め上げました。それで、召集令状が来てから一週間もしないうちに召集されたものですから、あとの二、三日はいろいろと整理とか準備に追われていました。

学　生　戦死の公報は、いつ来ましたか。

正面右から、仲道敬子さん、小泉冨美子さん、新井勝紘教授。ゼミ生らが熱心に質疑し、耳を傾けている。

冨美子　（一九四四年）三月二七日に亡くなったそうなんですけど、通知が来たのは四月の末ぐらいだったでしょうか。あまり、記憶にないんです。でも、とにかく家族全体が突然のことで、何とも言えなかったことだけははっきりと覚えています。「戦死ス」とだけ、赤字で書かれていました。この公報のあとも、何通か本人の手紙が来たので、「（戦死したことは）間違いで、（兄が）生きていたらなあ」と何度も思いました。

学　生　じゃあ、博美さんから手紙を受け取ったときは、やっぱり嬉しかったんでしょうね。

冨美子　ええ。もう大喜びで、むさぼるように読み返しました。だから、返事はすぐに書いて出していましたね。それから、慰問袋も送ったことがありますけど、ヤミのものも入れることがありました。

学　生　返事にはどのようなことを書いていたんですか。

冨美子　なるべく内地（当時の日本国内）の様子を書くようにしていました。日記のように毎日、毎日書いていましたね。だんだん戦争がひどくなっていった時期には、船の都合で着かないこともあったんでしょうけど。あと、学校（高津高等女学校）のほうには、ビルマ語で書かれた手紙も行っていたみたいですね。

学　生　手紙はどのくらいのペースで送られてきたんですか。

冨美子　ちょっとよくわからないですね。とにかく安定していなくて、集中するときは集中するんですけど、三ヶ月来ないときもありました。そのときはもう心配になってしまって。居ても立ってもいられなくて、こっちから手紙を出しちゃったんですけどね。

新　井　葉書は割り当て制だったんですか。

冨美子　そうですね。割り当て制で、枚数も限られていたんじゃないかと思います。兄の場合は煙草を吸わない人だったから、ほかの兵隊さんと、煙草と交換で葉書をもらってたんじゃないかなあと思います。

学　生　手紙には検閲や墨塗りがされていたと思うんですけど、それについてはどう思われましたか。

冨美子　軍機的なものだから、仕方がないと思っていました。墨塗りされた部分なんかは、「これはこう書かれてるんじゃない?」なんて言いながら、みんなで想像して読んでいました。

博美さんの戦死の受け止め方と慰霊

学　生　では、ちょっと話題を元に戻して、博美さんの戦死に関連して、もう少し詳しく教えてください。まずお墓についてなんですが、どちらにあるんでしょうか。

冨美子　(川崎市高津区)久本の竜台寺というお寺にあります。ここは天台宗のお寺さんなんですけどね。今日は写真を持ってきたので、ご覧になってください。

新　井　「優光院緬道博心居士行年二十五歳　昭和十九年三月二十七日午前九時五十分　ビルマ国カレワ縣インダーギー完勝山の麓に於て戦死」と書いてありますね。お骨は戻ってきたんですか。

冨美子　戻ってきませんでした。入隊のときにとっておいた爪と髪の毛と、親指大の、誰のものかわからないお骨を袋入りで受け取っただけなんです。戦場だからどの骨が誰のものかなんてわかるはずもないんですけど、それにしてもひどい話ですよね。

学　生　慰霊の行事などはあるんでしょうか。

冨美子　五〇年祭がありました。(遺族など参加者の高齢化のため) 百年祭には参加できませんから、五〇年祭は盛大に行ったんです。

学　生　お葬式について少し詳しく教えてください。

冨美子　駅にお骨が届いたとき、みんなで迎えに行きました。それで、お葬式は村葬ではなく家ごとに行っていましたので、うちも身内でやりました。お骨が戻ってきたのは戦後なんですけど、戦死の公報が届いてから三、四年後のことでしたね。そのときにはもう父は亡くなっていました。

学　生　博美さんはインパール作戦に参加されていたと伺っているんですけど、この作戦の戦没者の会のようなものはありますか。
冨美子　戦友会がありますね。ただ、ビルマ限定のものじゃないんです。作戦の生存者が帰国して集まったものです。
新　井　小川原さんという方から送られた手紙を何通か拝見したんですけど、その小川原さんというのは戦友ですか。
冨美子　ええ。兄が一年で伍長（選抜上等兵）になったことが嬉しいという内容の手紙をくれましたね。日報から何まで兄に代筆を依頼していたみたいです。
新　井　そうですか。では、手紙にある小野木隊長というのは？
冨美子　久が原（現・東京都大田区）に家があって、よく行っていましたよ。小野木さんは復員したんですけど、帰国してからは戦友の未亡人と結婚したんです。それと、山田中隊長も何度か家に来てくれたことがあります。
新　井　博美さんには、許婚とか、恋人とかはいたんですか。
冨美子　特にいませんでしたけど、共販所で働いているときに、仲間と遊びに行ったりすることなんかはありましたね。

学　生　慰霊祭のときの心境はいかがでしたか。

冨美子　靖国神社で集まって、そのあと熱海とかに遊びに行くんです。でも、やっぱり複雑な心境ですよ。どうしても兄は帰ってこないんですから……（涙）。つらいものがありますよね。

学　生　遺族年金は出ましたか。

冨美子　母親が生きているあいだだけもらっていました。今でも申請すればもらえるみたいで、一回の申請で一〇年間もらえます。ただ、国のほうからくれることはないんですけど。

軍事郵便の内容と兄との三回の面会

学　生　そうですか。つらいことを思い出してまで教えていただき、申し訳ありません。ここからは少し手紙の内容について教えていただきたいと思います。手紙のなかで、選抜上等兵に昇進したという内容のものがあったんですけど、博美さんが選抜上等兵に昇進したときはどのようなお気持ちでしたか。

冨美子　一年で上等兵になるというのは優秀なことですし、やっぱり嬉しく思いましたね。ただ、反面、母は「東条の奴！」と怒りを露わにしていました。母は、久本神社（高津・久本地区の氏神）に毎日欠かさずお参りをしていたくらいで、兄が無事に帰還することを心から願っていたんだと思います。

学　生　戦死の公報が来たときには、お父様も悲しまれたんではないでしょうか。

敬　子　私はその当時女学生でしたが、私に対して「お前が男の子だったらよかったのに」と言っていました。女ばかりの家でしたからね。男の子がほしかったんだと思います。

冨美子　あと、「車なんか買ってやったからいけないんだ」とも言っていましたね。車なんか買ってやらなければ、自動車隊に出されずに済んだかもしれないって……。嘆いていましたよ。

学　生　博美さんは自動車部隊に所属されていたんですか。

冨美子　そうですね。自動車に乗れたもんですから、送られた先でもそういう仕事をしていたみたいです。大東亜戦争（注――ここでは、発言の通り表記する）は（一九四一年）一二月八日に始まりましたけど、兄が召集されたのは一二月三日でした。大本営発表の新聞記事を公報と一緒にまとめて残しているから、その辺りのことはよく覚えています。（一九四五年の）七月頃には私も「この戦争は負けるんじゃないかな」なんて思い始めていたんですけど、それを聞いた父には、「憲兵に連れて行かれる」と怒られました。

学　生　そうですか。「宿舎前で撮った写真を送った」というような内容の手紙も拝見したんですけど、それは冨美子さんたちは受け取りましたか。

冨美子　ええ、ビルマの宿舎前の写真ですよね。届きましたよ。

学　生　手紙の内容に加えて、写真などから戦地の様子を知ることもあったんですね。それから、冨美子さんは博美さんに面会しに行かれたことがありますよね。そのことについても、教えていただけますか。

冨美子　兄に面会したのは、合わせて三回です。面会の通知は一回しか来ていないので、普通なら三回も面会できないんですけど。一回目は、父が留守番をして、祖母と母、姉と私とで、ご馳走を持って行きました。出征するときには留守番が必要だってことで、このときは父が留守番をしました。二回目は、丸屋のおじさんと父とで行きました。このときは、上官の方に無理を言ってお願いしたら、面会できたんです。三回目は、また父が行きたいと言い出して、適当な理由をつけて行ったと思うんです。恐らく、兄が青年団の団長をしていたので、その書類についてよくわからないから兄に聞きたいとか何とか理由をつけて、やっぱり上官の方にお願いしたんです。

学　生　場所はどちらですか。

冨美子　三回とも場所は我孫子（千葉県）でした。本当は東部七七部隊でしたから、大垣でよかったはずなんですけど、そこはもういっぱいだったので、我孫子になったんです。

学　生　そうですか。わかりました。では、おつらいことは思いますが、博美さんが出征したときのことと、徴兵に対するお考えをお聞かせ願えますか。

冨美子　やっぱり淋しい思いでしたね。よくいわれる〝一銭五厘〟の赤紙で召集されるなんてこと、今じゃ考えられませんよね。そういった意味では、今の人に比べれば昔の人は偉かったですよね。でも、人間よりも馬のほうが価値が高いなんて言う上官もいましたからね。やっぱりよくないことです。

学　生　博美さんは高津高等女学校とも手紙のやりとりをしていましたね。高津高等女学校への手紙には、どんなことが書かれていたんでしょうか。

敬　子　ビルマ語やビルマの風俗なんかが書かれていたと思います。生徒たちの勉強になるようなことを書いてくれていたんでしょうね。

学　生　手紙のなかには、共販所という言葉がよく出てきます。先ほども少し冨美子さんがおっしゃっていたと思うんですけど、共販所というのは、具体的にはどのようなところだったんでしょうか。

冨美子　共販所は、米の販売所のことです。米をみんなに配給する仕事をするところでした。家の戸数によって月給が違ったんですけど、うちは二〇円でした。ほかに比べると多いほうだったんですよ。私は学校の先生の免許を取っていたので、共販所にはあまり行きたくなかったんですけど、懇願されて行くことになりました。兄の跡を継ぐ必要がありましたしね。このことに対して兄は、申し訳ないと言っていました。

学　生　「薬を送ってほしい」という内容の手紙もありましたが、実際に送ったんでしょうか。

冨美子　ちょっとわかりませんね。虫の薬か何かでしょうか。そういうのは慰問袋に入れて送るんですけど、届いてからチェックされますからね。もし送っていたとしても、届いていたかどうかまでは定かじゃありませんね。

学　生　初めて手紙が届いたのはいつですか。

冨美子　初めて手紙が届いたときは本当に嬉しかったですね。どこにいるのかわからないんですけど、「お米のかたちの長いところにいます」なんて書いてあると、「ラングーン（現・ヤンゴン）にいるのかなあ？」なんて推測していました。玄界灘で教育勅語を言わされたときの手紙なんかも受け取りました。どれが最初に来たかどうかまではわからないんですけど。

学　生　（手紙の中に）大蓮寺さんというのも出てきますが、これはお寺さんですか。

冨美子　祖母をはじめとしてお付き合いしたお寺です。小泉家の菩提寺としては竜台寺なんですけど、大蓮寺さんには、本当の檀家のようによくしてもらっていたんですよ。大蓮寺さんの息子さんは私と同級生で、よく兄と二人で一緒に学校に行っていました。その人も戦死してしまったんですけどね。

学　生　当時の久本の学校はどういったものでしたか。

冨美子　中学まで行く人は少なくて、せいぜい高等二年ぐらいまでですね。溝口は当時、一二ヶ村あったんですけど、五〇人クラスで、上に進学する人は二、三人ぐらいでした。あの頃の久本は、今みたいにビルやら何やらが建っていなくて、三八軒しかなかったんです。慶応大学の日吉校舎が見えるぐらいでしたよ。

学　生　青木周一さんという人も出てきます。この人はご存知ですか。

冨美子　私は知りませんね。軍隊のなかでの知り合いなのかもしれません。

学　生　わかりました。では最後に、お二人にとってお兄さんの存在とは、どういったものでしょうか。

敬　子　記憶も本当に小さい頃のものだけで、愛そうにも愛せないというのが正直なところです。でも、自分なりに愛す方法を考えています。五〇年祭のとき、兄に対する手紙をいただいたんですが、それに対して何もしていないことが気がかりだったんです。だから、靖国神社で主人と永代供養をやろうと思って行きました。それ以来、三月二七日の命日には、毎年お参りをしています。慰霊祭のとき、靖国神社から兵隊さんの遺品を納めてほしいというはがきが来たものの、何もなくて困っていたんです。遊就館に本籍と戦死した場所が書かれている写真があるのを見て、家にも一つぐらいあるだろうと思って、甥夫婦に問い合わせたら、やっぱり写真がありました。「これではビルマで裸みたいだから」

と、それを写して焼いているところだったんです。そんなところに、兄の軍事郵便があるという専大の新井ゼミの方からの連絡があったんですよ。兄も納めてもらいたいという想いがあったからこそ、葉書が出てきたのかもしれませんね[1]。

冨美子　小さい頃の思い出がなぜか蘇ってくるんですよね。喧嘩したときのことなんかはなぜだかよく覚えているんです。

学　生　私たちが用意した質問は以上です。長時間にわたっていろいろとお聞かせくださり、ありがとうございました。

注

（1）仲道敬子さんの要望により、博美さんの軍事郵便の一部は遊就館に寄贈された。また、『靖國』第六〇五号（二〇〇五年一二月発行）には関連記事が掲載された。

※　文中の（　）内は、本書編集の段階で補足した。

※　小泉冨美子さんは、二〇〇七年に亡くなられました。

小泉博美書簡2（小泉冨美子宛　9月29日）

南国の眩ゆい許りの太陽が雨期明けの緑の天地を照して居ります、きもちよく汗ばんだ肌を一陣の薫風が通ってゆきます、ゆらゆらとゆれる椰子の木陰には黒ん坊が二三人佇んで居ります、のんびりとした九月の南洋の風景です、今日は御便りを有難う、明けて吃驚玉手箱、中から出て来るものは何んとあぶり出しではありませんか、皆んなほんとうに驚いちゃったね、直ぐにあぶって見ませうか、なんだか勿体ない様な気がしてなりません、もう少し待って下さい、富美ちゃんのおちゃめさんは分隊でも知らない人がない位人気者です、こんな事書いたら随分と怒るでせうね、そう〳〵今日は村のお祭りですね、賑やかになった事でせう、奇麗な気物《ママ》を着た富美ちゃんの写真でもスマートに採って送って下さいね、それこそ皆んな吃驚するかもわかりません、家にはこんない、妹が居るんだと何時も〳〵意張って居るのです、悪不

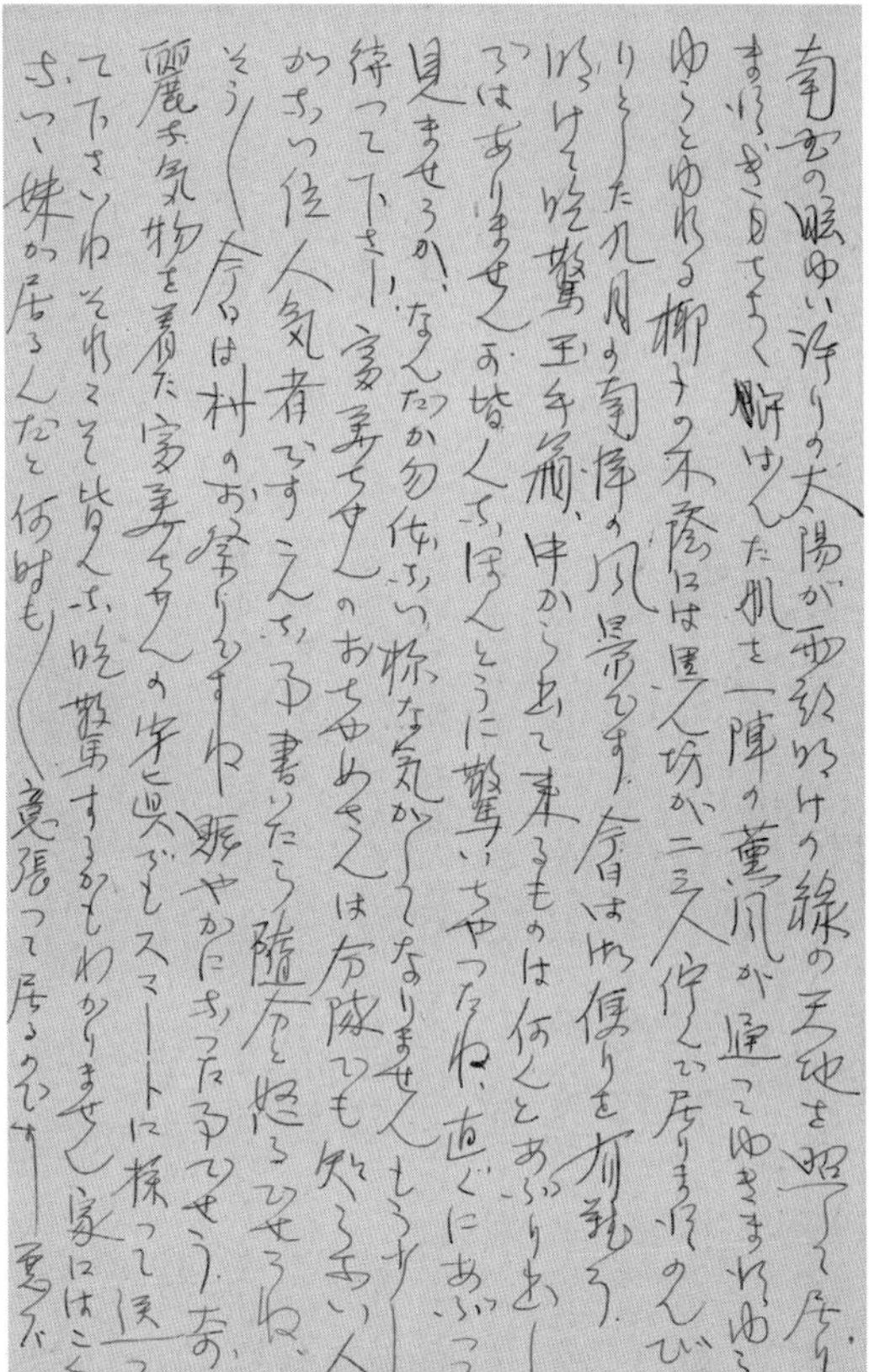
南国の眩ゆい許りの太陽が雨あがりの緑の天地を照して居ります。ぎらぎらと輝いた肌を一陣の薫風が通ってゆきます。ゆらゆらとゆれる椰子の木陰には黒ん坊が二三人佇んで居ります。のんびりとした九月の南洋の風景です。今日は御便りを有難う。開けて吃驚玉手箱、中から出て来るものは何んとあぶり出し！ではありませんか。皆んなでほんとうに驚いちゃったわ。直ぐにあぶって見ませうか、なんだか勿体ない様な気がしてなりません。もう少し待って下さい。富美ちゃんのお母ちゃんは部隊でも知らない人がない位人気者ですって。事書いたら随分怒るでせうね。そう／＼今日は村のお祭りです。賑やかになった事でせう。奇麗な着物を着た富美ちゃんの姿をスマートに撮って送って下さい。それこそ皆んなで吃驚するかもわかりません。家にはこんな可愛い妹が居るんだと何時も／＼意張って居るのです

小泉博美書簡2

小泉博美書簡３（小泉清助宛　昭和18年1月1日）

明けまして御目出度う御座います、今日は嬉しい元旦です、薄暗い朝の起床ラッパに起される周圍は一面のもやで寒い程に身に浸みる神々しい朝だ、やがて遥拝式が行はれる皇運の無窮を讃え皇国の降昌を戦野の将兵一同遥かに御喜び申上ました、すが〳〵しいビルマの此の新年こそ長く長く私たちの脳裏に残ることでせう、そして戦地に又意気発剌たる此の旧都市に迎へた私達の戦捷新年は意義深い印象となる事でせう、それから次に戦地のお正月の様子を御知らせ致しませう、今朝は早くからお供へも上り、嬉しいお雑煮の準備も出来、内地の皆さんに負けぬお正月を迎へました、そして心ばかりの祝のお酒の他「ウヅラ豆の砂糖煮」「馬嶺藷」「コンブ」「切干」「コンニャク」等それは〳〵賑やかなお膳が出来上りました、又晩は煮魚の他「勝の子」等が出て其の上お酒に「カツ」等も加はり非常な豪華扳（版）でした、何卆戦地は御

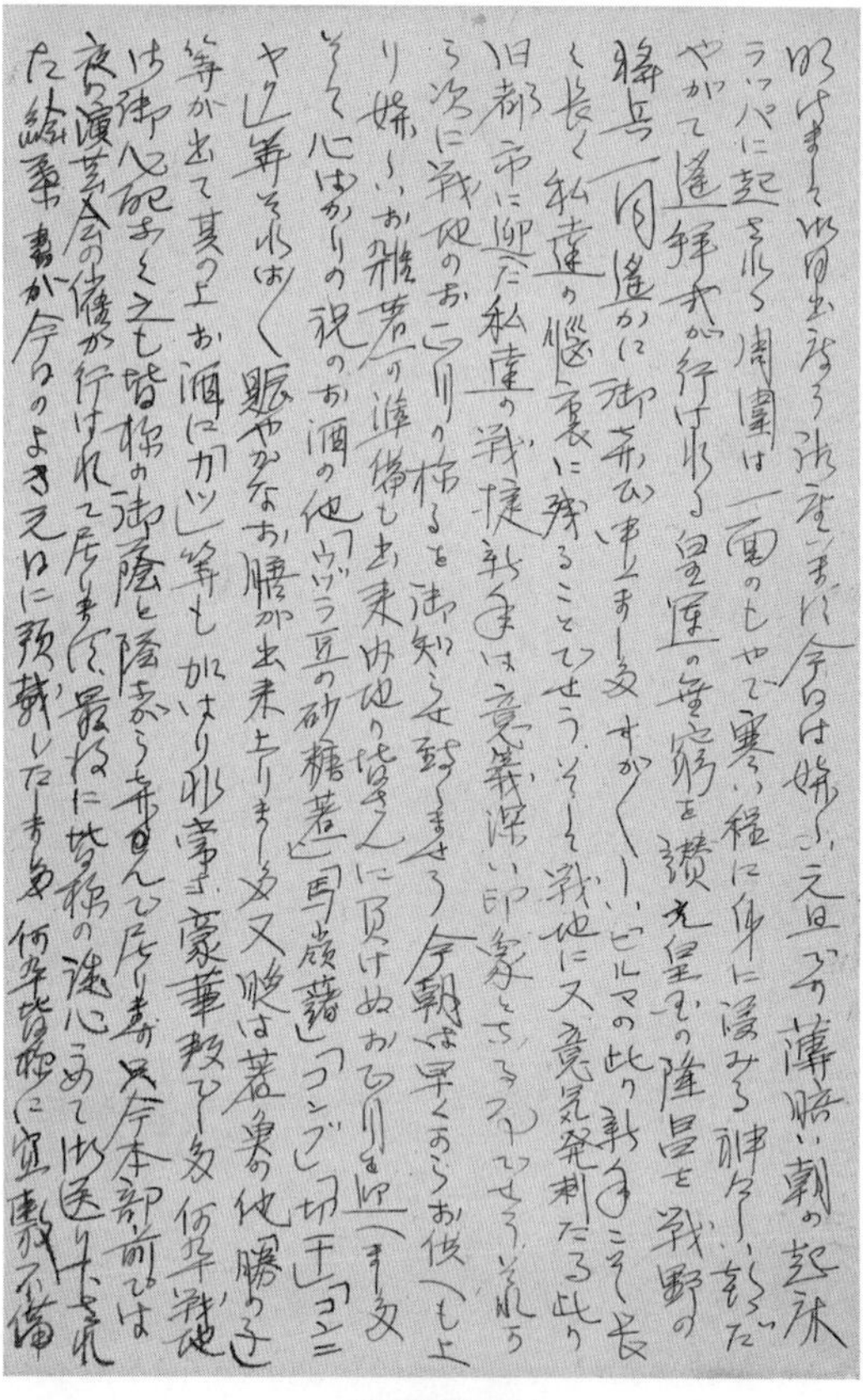
明けまして御目出度う御座います。今日は嬉しい元旦です。薄暗い朝の起床
ラッパに起されて周囲は一面のもやで寒い程に身に浸みる。神々しい、続いた
やがて遙拝式が行はれる。皇軍の無窮を讃え皇室の隆昌と戦野の
将兵一同遙かに御祈り申上ます。すがすがしい。ビルマの此の新年こそ長
く長く私達の脳裏に残ることでせう。そして戦地に又意気発剌たる此の
旧都市に迎へた私達の戦捷新年は意義深い印象となることでせう。それか
ら次に戦地のお正月の様子を御知らせ致しませう。今朝は早くからお供へも上
り嬉しいお雑煮の準備も出来此地の皆さんに負けぬお正月を迎へました。
そして心ばかりの祝のお酒の他「ウヴラ豆の砂糖煮」「馬鈴薯」「コンブ」「切干」「コンニ
ヤク」等それはそれは賑やかなお膳が出来上りました。又此地は蒼魚の他勝の子
等が出て其の上お酒に「カツ」等も加はり非常な豪華振りでした。何卒戦地
は御心配なく之も皆様の御蔭と陰ながら喜んで居ります。只今本部前では
夜の演芸会の準備が行はれて居ります。最後に皆様の誠心こめて御送り下され
た絵葉書が今日のよき元日に頂戴いたしました。何卒皆様に宜敷。不備

小泉博美書簡3

心配なく、之も皆様の御蔭と陰ながら喜んで居ります、只今本部前では夜の演芸会の催が行はれて居ります、最後に皆様の誠心こめて御送り下された絵葉書が今日のよき元日に頂戴いたしました、何卒皆様に宜敷不備

コラム① 軍事郵便解読を通して

堀江隼人

私が軍事郵便に初めて触れたのは、新井ゼミに入った二年生の頃でした。ゼミ全体で軍事郵便の解読を行っていることを前もって知っていた私は、今から六〇年以上前の貴重な史料に触れることに喜びを感じていたことを覚えています。

実際に触れてみて最初に思ったことは、書かれている字が想像していたよりも読みづらいということでした。「ゐ」や「ゑ」といった文字に戸惑っただけでなく、何と書かれているか全く見当のつかないくずし字が多く見られ、一行解読するだけで一時間かかってしまい、本当に読めるようになるのか不安に思いました。

しかし軍事郵便を読み始めてから数多く解読するうちに、次第に旧字体・くずし字にも慣れ、一時間に二〜三通ほどのペースで読めるようになりました。自分の解読力が向上したのを感じ嬉しく思うのと同時に、書かれている文の内容が自分なりに読み取れるようになりました。

そこには、戦地に赴く兵士の内地に残した家族を気遣う心境が、手紙のスペースいっぱいに書かれていました。いつ戦死するかわからない状況で、出征兵士は家族に対する思いのたけを手紙にぶつけているように、私には感じられました。また、軍事郵便を受け取った家族たちの心境を想像すると、ただただ兵士の無事を祈るしかなく、やりきれない心境だったのではないかと、私は思いました。

軍事郵便の解読作業を通して、私は戦争に直接関わった出征兵士とその家族の心境を、知ることができたし、何の罪のない人々を戦地に追いやった戦争というものの恐ろしさ・悲惨さも学ぶことができたと思っています。それは、学校の歴史教科書からは決して学ぶことのできないもので、生の史料に触れないと得られない知識だと確信しています。

歴史を学ぶ学生の一人として軍事郵便に出会い解読できたことは、とても貴重な経験でした。戦争というものを以前とは違う視点で見ることができたと思っています。

第二章　軍事郵便の企画展示

展示に至るまでの経緯と準備

小泉博美さんのご遺族に直接お会いしてインタビューができたことにより、解読作業は以前に増して進展をみせた。書簡を読んでいるだけではわからないことも多かったが、インタビューを経たことで、より具体的な像をもって理解することができるようになったのである。そして、二〇〇三年の冬頃には書簡の束を一通り読み終えた。ただ、この時点で読めない箇所はまだまだあり、内容も熟読できてはいなかった。また、百余通ある手紙が本来どのような順番で送られてきたのかもわかっていなかった。

そんな折、「この解読成果を発表してはどうか」という新井教授の提案もあり、専修大学歴史学会で発行している『専修史学』への掲載を目指すことになった。史料を読んだ経験すらほとんどない学生たちが、今度はそれを活字化して紹介することになったのである。それにあたり、当時の二、三年生（二〇〇四年度及び二〇〇五年度卒業生）の有志で編集委員会を立ち上げた。編集作業は、もちろんどのゼミ生にとっても初めての経験であるが、新井教授のアドバイスを受けながら、手探り状態で作業を開始した。

主に行ったことは、次の四点である。

（1）読めなかった文字や語句を完全に埋めていくこと

（2）小泉博美書簡についての詳細な目録を作成すること

（3）小泉書簡を年代順に並べ替えること

（4）小泉書簡の活字化

小泉書簡は、博美さんのまめな性格のためか、多くの手紙に日付が書いてあるが、初期の頃は書いていないものや、日付のみで年代が不明なものも多々あった。そのため、年代が書いていないものは手紙の内容や葉書の形態、検閲印の種類などから推定して並び替えを行った。これらの作業を通じて、内容をより深く読み込むことができた。また、博美さんが戦地でどのような足跡をたどったのかなども、少しずつ明確になってきた。

ただ、やはり読み込みとしては不十分な点もあり、論文を発表できるというところにまでは至らなかった。また、一度に掲載できるページ数も限られていたため、当初予定していた解題や語句解説などはつけず、書簡の全文紹介と目録、博美さんについて紹介した文、新井教授による軍事郵便の解説文のみを掲載した。

『専修史学』への史料紹介に向け、約半年かけて書簡の解読作業や編集作業を行ったことで、内容の読解・整理も随分進んだ。ただ、やはり研究成果の発表としては至らないところが多々あり、「もう少し内容に踏み込んだ解説文などをつけられればよかった」という反省点もあった。それらの反省点を踏まえ、いずれ何らかの形で研究成果を発表したいという思いもあった。

ここでまたゼミ生たちの背中を押してくれたのが新井教授である。今度は展示という形で研究成果を発表してみたらどうか、というのである。こうして、『専修史学』での史料紹介も一段落ついてきた二〇〇四年の秋頃から、約一年間かけて準備作業を行うこととなった。

とはいえ、企画展示を一からすべてつくる経験など、やはりどのゼミ生にもない。

そもそも何から始めたらよいのかわからないので、さしあたっては、史料紹介の編集作業以降で新たに加わったゼミ生（二〇〇六・〇七年度卒業生）にも小泉書簡の内容を読み込んでもらうことから始めることとなった。その後、展示構成について素案を出していくなかで、グループごとに作業を分担していった。ビルマやビルマ戦線に関して調査するグループ、博美さんの年譜作成や所属部隊について精査するグループ、アジア・太平洋戦争に関する基本的事項をまとめるグループなどである。また、新井教授が収集したビルマ戦線に関する文献も展示することになったため、のちにこれらを分類・整理し、概要をまとめる作業も行った。これら各グループの作業を活かして、具体的な展示構成を決めていくこととなった。それと同時に、各グループではキャプション（解説文）案を作成した。その際、人が展示を見るときに適量と感じるといわれる二百字程度を目安に、難しいことでもできるだけわかりやすく要点をまとめることを方針とした。また、年表や年譜の作成も並行して行った。

二〇〇五年七月、展示期間初日の前日及び前々日は、朝から晩まで作業にとりかかった。それでも、初日にすべてが完成したわけではなく、パネルや展示品など、実はあとから追加していったものも少なくない。その意味で、本当に「完成」したといえるのは、展示期間も終盤にさしかかった頃のことである。遺族の方が展示期間中にわざわざ持ってきてくださった博美さんの入隊記念猪口が展示ケースに入ったのも、最終日に近い日であった。

展示の概要

企画展示は、専修大学・戦後六〇年企画展示「戦没兵士の〝ビルマ便り〟——故郷・川崎に届いた百余通の軍事郵便」というタイトルで行われることとなった。テーマについて、準備段階ではさまざまな意見が飛び交ったが、最終的には、「戦没兵士」「ビルマ便り」「川崎」そして「軍事郵便」といったキーワードを入れることで落ち着いた。これらの言葉が、私たちが軍事郵便を通して知った「小泉博美」という人物を表すのに最も適したものだと考えたからである。また、偶然とはいえ、戦後六〇年という節目の年に本企画展を行うことができたのもよかった。なお、この「戦後六〇年」というのも、重要なキーワードとなった。このことについては後述する。

展示会場は、本学九号館三階図書館入り口横のスペースをお借りした。ここは、普段は新刊紹介などを行っているところで、すぐ横には新聞や雑誌を閲覧できるブラウ

展示場入り口付近

ジングプラザがある。図書館入り口横ということもあり、人通りは多い。

展示期間は二〇〇五年七月四日（月曜）から一七日（日曜）の二週間である。平日はゼミ生が九時から一七時まで交代で受付を担当し、一七時以降も大学が開いている時間帯は観覧できるようにした。土日も同様の体制で臨んだが、日曜は特別に入校許可をいただいていたため、九時から一七時までの時間帯のみ観覧可能とした。

展示品は、博美さんの軍事郵便を中心とし、遺品及び写真、年譜、地図、ビルマ戦線に関する文献と年表などである。展示構成は、博美さんの足跡をたどることができるような形にし、博美さんの略歴から始ま

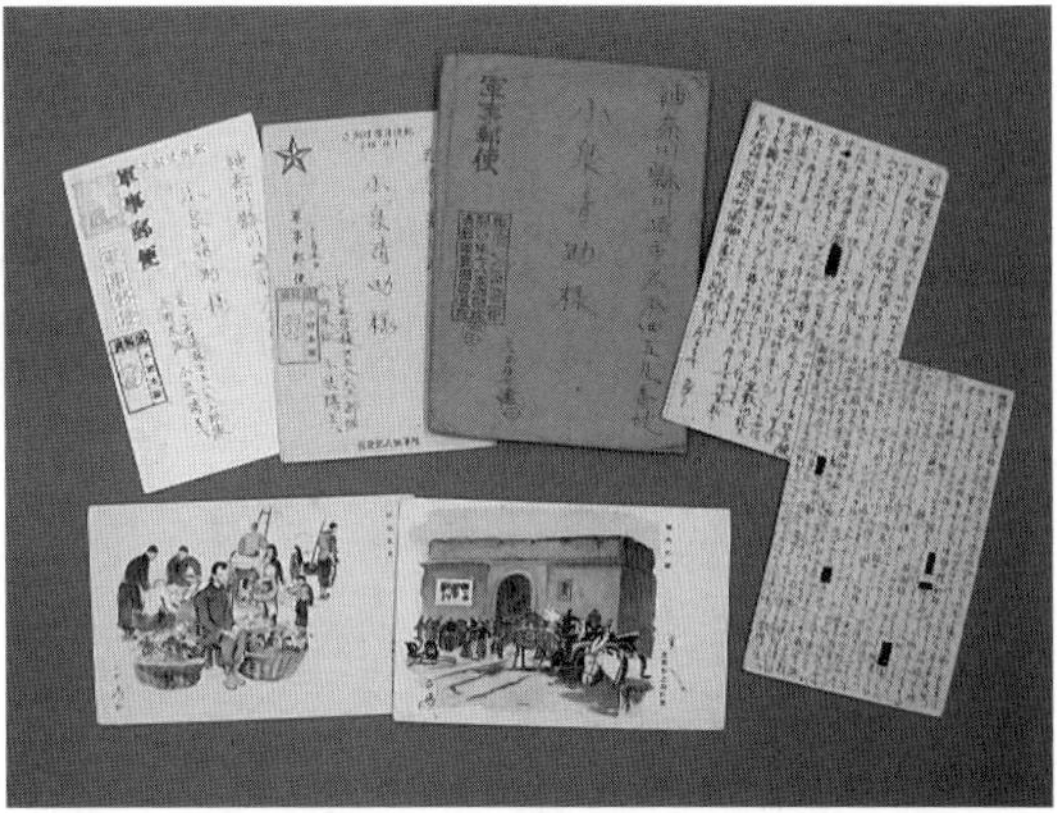

便りがぎっしり書き込まれた葉書

展示の様子

り、小泉書簡を写真や遺品とともに展示するという構成にした。また、参考資料として、小泉書簡以外の軍事郵便や、ビルマ戦線に関する文献の展示も行った。各史・資料や補足説明が必要な箇所（インパール作戦、軍事郵便が送られる仕組みなど）には適宜キャプションをつけたが、その際、いずれも見やすいように、できるだけシンプルにまとめた。

メディア宣伝と予想外の反響

本企画展示には、私たちの予想をはるかに上回る多くの方が来場してくださった。これは、さまざまなメディアにより宣伝していただいたことが、大きな要因であると思われる。

一つは新聞による宣伝効果である。まず、展示期間前に、朝日新聞社から取材を受けた。このとき朝日新聞では、「語り継ぐ記憶――戦後六〇年」という特集を組み、先の戦争を語り継ぐさまざまな取り組みについての記事を連載していた。その一つとして、新井ゼミでの軍事郵便に関する活動と、本企画展示を行うこととを紹介していただいたのである。これをはじめとして、読売新聞、東京新聞、神奈川新聞などさま

本企画展示が紹介されたメディアの一覧

掲載・放送日	掲載紙、番組名等	備考
2005年 6月24日	朝日新聞（第二神奈川＝横浜、川崎、田園都市）	
6月24日	タウンニュース（高津区版地域情報紙）	
6月26日	くらしの窓（地域情報紙）	
6月30日	読売新聞（神奈川県田園都市版トップ）	
7月1日	マイタウン21あさお版、たま版（地域情報紙）	
7月5日	東京新聞（川崎版）	
7月7日	しんぶん赤旗	
7月10日	神奈川新聞	
7月22日	「市民スタジオからこんにちは」（かわさきFM）	
7月	「首都圏ニュース」（NHK）	・夕方のニュース番組、放送時間約5分。
7月	ニュース番組（TVK）	・後日、別の番組でも特集が組まれた。
6月15日	ニュース専修417号（専修大学）6月号	・HP版でも掲載。

ざまな新聞社から取材を受け、本企画展示および新井ゼミの活動について紹介する記事を掲載していただいた。このような新聞による報道の影響は、最も大きかったのではないだろうか。これは、アンケートの回答結果からもいえることである。

次に、テレビによる宣伝効果である。展示期間中に、NHKから取材を受け、展示会場の様子が夕方の首都圏ニュースで放映された。これは首都圏のみで放映されたものだったが、放送の翌日からしばらくは、「NHKのニュースを見て来ました」という方が多く来場された。また、TVK（テレビ神奈川）でもニュースや短い番組で取り扱っていただくことができた。これらテレビによる宣伝効果もかなり大きかったと思われる。

三つ目として、展示期間が終わってからではあるが、かわさきFMの「市民スタジオからこんにちは」という番組に、新井教授とゼミ生が出演するということもあった。これは、企画展示の直接的な宣伝効果にはつながっていないが、さまざまなメディアから注目され、取材を受けた一つの例として挙げておきたい。

なお、本学で発行しているキャンパス紙「ニュース専修」や、本学ホームページでも、本企画展示については大きく紹介していただいた。新聞、テレビなどで本企画展示について取り扱っていただいたことの背景には、このような本学広報担当者による力添えがあった。

以上のように、新聞、テレビ、ラジオといったさまざまなメディアを介して、本企画展示および新井ゼミでの軍事郵便に関する活動を紹介していただいた。このようなメディアで取り上げていただいたこと自体、私たちとしては想像もしないことであった。しかし、それ以上に、これらが大学の内外を問わず多くの方の目に留まったこと、そして会場に足を運んでくださった方々の数が期待を上回るものになったことには、驚きと同時に嬉しさがこみ上げてきた。

来場者の分析と観覧の感想

展示の開催にあたり、私たちは来場者に対するアンケートを行った。このアンケートは、私たちが作成した指定用紙に書かれた質問事項について、それぞれお答えいただくというものである。質問事項は、（1）専大関係者（教職員および学生）か一般か、（2）年代（十代・二十代・三十代・四十代・五十代・六十代・七十代・八十代・九十代以上）、（3）お住まい（神奈川県内〈川崎市・その他〉・県外）、（4）どこでこの展示を知ったか（新聞・テレビ・広告・人から聞いて・近くを通って・その他）、（5）学生（ゼミナール）の研究展示についてどう思うか、（6）展示の感想、（7）その他の意見・要望とした。

アンケート回答者（二一一名の回答）の年齢層、PR効果などについては、「グラフⅠ」「グラフⅡ」に示した。

外部からの来場者の年齢層をみると、戦争体験世代（六十代以上）がほぼ半数を占めている。自らの戦争体験と重ね合わせて、戦争・平和といったテーマにとりわけ深い関心をもつ人が多い世代といえよう。とはいえ、その子ども世代にあたる五十代～四十代、そして三十代の来場者も少なくない。これらの世代は、自ら戦争を体験していなくとも、親や祖父母等から直接体験を聞くことができる機会のある世代でもある。他方、十代～二十代の外部からの来場者が少なかったのは残念である。

展示に対する感想としてもっとも多かったのが、戦争に対する自身の見解と関連させて書かれたものである。

まず、「自身が戦争体験者」および「身内が戦争体験者」といった声が目立つ。前者については、六十代なら幼少期、七十代なら幼少期から十代前半の多感な時期を過

【グラフ－Ⅰ】アンケート回答者の年齢層
来場者のうち、アンケート回答者の年齢層をグラフ化した。なお、専大教員および学生（専大関係者とする）は回答者数である。

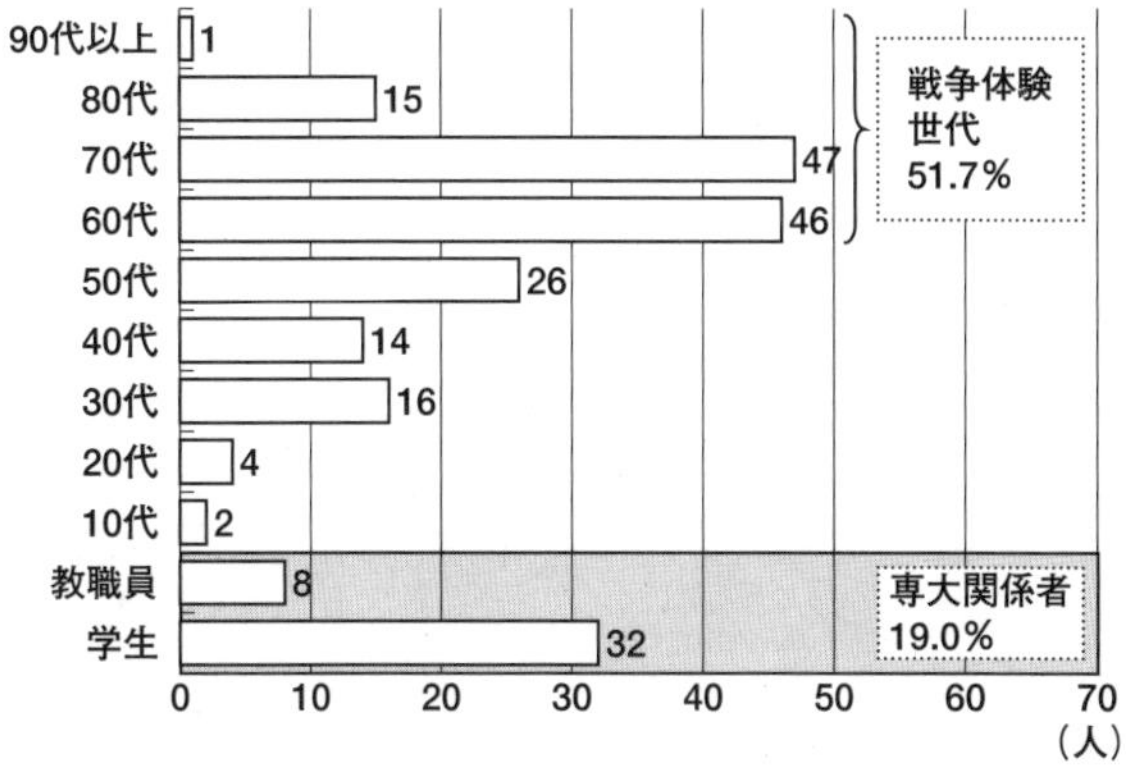

【グラフ－Ⅱ】PR効果
本企画展示をどのような媒体を通じて知ったか（複数回答可）。

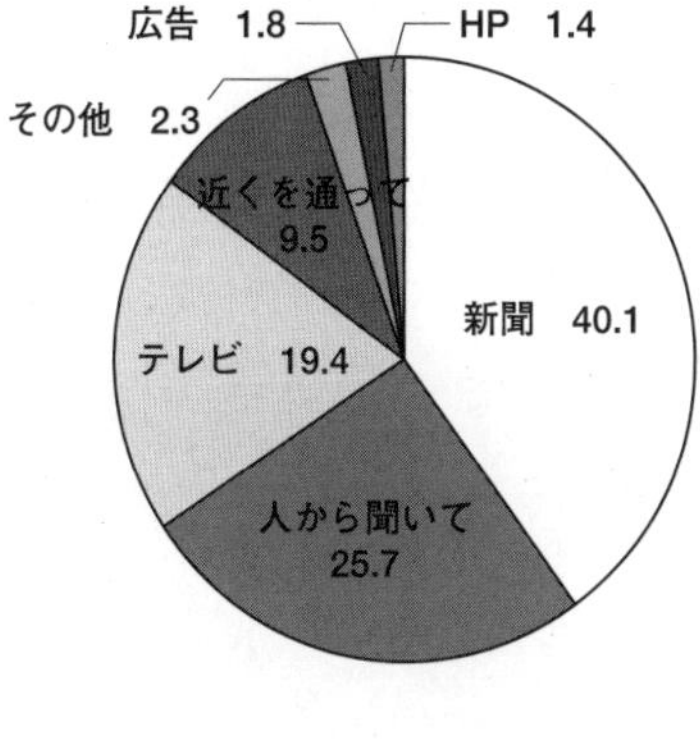

ごした人であろう。八十代から九十代なら、自らが兵士としての経験をもつ場合が多い。受付のゼミ生に、自らの戦地での体験等を語られた方も何名かいた。一方、後者については、「身内がインパール作戦での戦死者」といった方もあった。展示を見て、「身につまされる思いがした」という感想を書かれた方もいた。また、自身の戦争体験と重ね合わせて展示を見たという方も少なくない。「戦地での経験はないものの、あと数年早くに生まれていたら徴兵されていたかもしれない」──そんな思いで、小泉博美という一兵士の〝生と死〟に向き合った方もいたようである。

それから、「戦後六〇年という節目の年に本企画展を行ったことは、時運を得ている」や、「戦争の記憶がどんどん風化し、憲法改正の動きが強まるなかで、戦争中の記憶を掘り起こすこうした展示は大変有意義なもの」といった感想をいただいている。四人に三人が戦争を体験したことのない世代になっている今日において、「戦争の記憶」を語り継ぐことが緊要な課題として浮上している。今後七〇年、八〇年と時間を経たときでは、もう遅いのである。戦後六〇年といういまだからこそ、できることをしなければならない──そんな示唆を改めて受けた。「戦争は二度と繰り返してはならない」という言葉を、字面だけでなく、実体のあるものとして後世に語り継いでいかなければならないという思いが強くなった。

　また、「兵士」、「軍事郵便」といったキーワードについても多くの感想をいただいた。たとえば、「小泉博美という一兵士の顔と家族と手紙を通じて、戦争の悲惨さをイメージをもって理解できた」「一兵士の視点でみることで、教科書にないリアルな戦争像を実感できた」といったものである。これらは主に戦争を体験していない世代の声だが、一兵士の視点を通して戦争をみるということが、戦争を体験していない世代においても、戦争をリアリティーのあるものとして認識する一つの手がかりとなりうることを示しているのではないだろうか。戦争体験者から、「戦争中の兵士の厳しい体験がわからないまでも、軍事郵便の内容から戦争を学べる」といった感想をいただいた。この方が書かれている通り、実際の戦場の厳しさやつらさ、惨さといったことは、私たちにとって体験したことのない世界であり、理解しにくいが、軍事郵便の内容を通してその一端を垣間みることは、不可能ではない。

　軍事郵便については、「私も小学校時代、慰問文を戦地に出し、いくつかの軍事郵便を受け取りました」「私も小学校でビルマに向けて学校で手紙、品物を送った」といった声、さらには「我が家にも軍事郵便を多数保管しております」といった声も続々と上がった。ご自身が保管されてきた軍事郵便を展示会場に持参される方、新井研究室宛にコピーを送ってくださる方もいた。「軍事郵便を今でも持っている家は多くあると思う。それを強調したほうがよいのではないか」といった感想を残された方もいるように、軍事郵便は本来なら兵士の数だけあるはずなのである。そして、兵士の数だけの戦争の記憶がある。そのことを改めて実感させられた。

若い世代の取り組みとしての評価も概ね好意的で、「戦争を知らない世代の人が悲惨な戦争の実態を後世に語り続け、恒久平和に向けて取り組む意味からも、こうした勉学の機会をもつことはいいことである」「兵士と同世代の学生が取り組んでいるということに意味がある」といった感想をいただいている。前述の通り、戦争体験世代が高齢化・減少し、その体験を語り継ぐことが難しくなりつつある。だからこそ、私たちのような戦争を知らない世代の積極的な取り組みが重要となるのではないだろうか。物質的に満たされて何不自由なく暮らしている私たちのような世代にとっては、兵士の体験はある種「遠い」ものであり、自分とは関係のないものなのかもしれない。たしかに、当時といまとでは置かれている状況も人びとの感覚も、まったくの同一ではない。しかし、そこにギャップがあったとしても、約六〇年前の同世代の若者が置かれていた状況にまず目を向けることが大切である。それは、決して「遠い」ものではないと思う。

研究成果を展示という手法で公表した意義

『専修史学』で史料紹介を行った際には、学術雑誌で研究成果を発表するという貴重な経験をしたわけだが、やはり限界もあった。第一に、掲載できるページ数が限られている点である。本来は原稿枚数に上限があるのだが、同誌編集担当者に無理を言って融通をきかせてもらい、小泉書簡全文を掲載することができた。また、全文紹介を優先したため、内容に関する論考はほとんどできなかった。第二に、紙媒体であるため、活字や写真は掲載できても、実物そのものを読者に提示することはできない点が挙げられる。軍事郵便の内容を一点一点見てもらうためには適切な方法だが、博美さんが葉書いっぱいに字を書き詰めて家族に伝えようとした想いや、手紙一枚一枚の重みを伝える効果としてはやはり弱い。また、軍事郵便に関心をもった人にとっては読んでいて飽きないかもしれないが、まったく興味をもっていない人もしくはその存在自体知らない人の場合、自ら進んで手にすることはごく稀であろう。第三に、『専修史学』は学術雑誌であり、読者として想定しているのは、専大の学生・院生・教員、それに専大の歴史学専攻卒業生などを中心に、歴史学研究に携わる人びとや研究者に限定されるという点である。これは二点目にも重なることだが、まったく研究に携わらない人びとが目にする機会は少ないと思う。

これらの経験を活かし、『専修史学』ではできなかったことを企画展示で実現することができた。

展示という手法のメリットとしては、以下の点が挙げられる。第一に、生の史料を提示できることである。多くが展示ケース内にあったため、来場者は実物に直接触れることはできなかったが、ガラス越しでも実物の重みを多少なりとも感じていただけたのではないだろうか。これは紙媒体ではできなかったことである。第二に、見る人にとって視覚的な印象が残りやすい点である。文字ばかりでは疲れるし、途中で飽きてしまいがちである。しかし、キャプションは二百字程度の簡潔な文でできるだけわかりやすくまとめ、写真や実物の史・資料を多く展示したことで、多くの人に関心をもってもらえ、なおかつ印象に残ったのではないかと思う。第三に、展示構成を行うことで、一つのストーリー性を伴って見る人の理解が促進される点である。軍事郵便というこれまであまり注目されてこなかった史料を扱うだけに、初めてそれを目にする人でもわかるような内容にする必要があった。小泉博美という一兵士の足跡をたどるような構成にした意図もそこにある。概説や一般論ではなかなか理解しづらくても、一兵士の視点を通せば、「戦争」というものの像が、より具体的で身近なものとして浮び上がってくるだろう。第四に、研究者に限らず、広範な人びとを対象として研究成果を公表することができる点である。展示には、専大関係者（学生・教職員）以外にも、外部から多くの方が展示を見に来てくださった。これは、学術雑誌で論文を発表したり、レポート等にまとめたりすることにはない点である。第五に、研究成果に対して、来場者から直接感想や意見を伺える点である。特に外部から来てくださった方は、受付にいたゼミ生と話をしてから帰る場合が少なくなかった。その際、展示に対する率直な感想もいただけたし、自らが戦争体験者である方からは、ご自身の戦争体験と重ね合わせたお話をいろいろと伺うことができた。また、アンケートでも大変参考になるご意見・感想をいただいた。このように、見た人からすぐに反応がかえってくる点は、展示における大きなメリットといえるだろう。第六に、新たな史・資料入手の可能性がひらけたり、情報入手の機会となりえたりする点である。前述の通り、研究者のみならず広範な人びとが展示に関心をもってくださった。その結果、「私も軍事郵便を持っています」とか、あるいは「私も軍事郵便について研究しています」といった方にお会いすることができた。このように、展示という手法で研究成果を発表したことで、それまで内輪で研究していただけでは見えてこなかった課題や展望も明らかになった。

一方、難しい点もある。第一に、限られたスペースで行わなければならない点である。「展示会場が狭い」「もっと広い会場でやってほしい」といった感想を持たれた方も多かった。また、博美さんの軍事郵便を通じて一兵士の戦争体験と戦争について考えてもらうというコンセプトのもと、構成を練ったが、展示する資料もキャプションの量もかなり取捨選択してしまった。内容面で「アジア・太平洋戦争全般についてもう少し説明がほしい」といった感想もいただいたが、これは私たちの研究の未熟さに加え、スペース上の問題もあったためである。第二に、わかりやすい、見やすい展示を心がけるのはよいが、結局「誰にとって」わかりやすく、見やすくするのかという点である。展示ではできるだけ幅広い層（年齢・専門知識の有無を問わずという意味で）に見ていただくことを想定していた。このため、キャプションはできるだけ難しい言葉は避け、簡潔にまとめるようにした。それでも、「戦争に関する知識がない者にとってはわかりづらい」という感想があった。一方、やはり内容不足と感じられる方もいた。また、キャプションの高さは身長一五五センチ前後の人の目線を基準としたが、「低すぎる」と感じる方もいた。軍事郵便を一部パネル化したものも元の史料を拡大コピーしたものだったが、それでも「もっと拡大版がほしい」という感想を持つ方もいた。このような点を挙げていけばきりがないが、やはり「すべての人」にとって満足のいく展示をするのはなかなか難しいように思われた。

展示という手法で研究成果を公表することには、以上のようなメリット・デメリットがある。デメリットを無視することはできないが、生の史料を目にしてもらえるという点はやはりよかったのではないかと思う。また、研究者に限らず広範な方々に見ていただけたことと、それらの方々からさまざまな反応がかえってきたことで、今後の研究課題もより鮮明になった。このことが、今回の企画展示におけるもっとも大きな意義であったといえるだろう。

戦争展示の難しさと課題

展示は、小泉博美という一兵士が書いた手紙・軍事郵便を通して「兵士と戦争」「戦争とは何か」といったことを、見た人一人一人に考えてもらう一つのきっかけになったと思う。ごく小さな展示であり、伝えたいことをすべて伝えきれたとも思っていない。ただ、やはり戦後六〇年という節目の年に、戦争をテーマとした企画展示として行われたということで、大学の内部からはもちろん、外部から多くの方が見に来てくださった。繰り返しになるが、戦争を自分自身の体験として語ることができる世代が減少し、「戦争を知らない世代」が四人に三人となったいまだからこそ、なおさら注目度も高まったのではないだろうか。また、曲がりなりにも戦争という重いテーマを扱った展示として、一定の責任を問われたことも確かである。来場者からもさまざまな反応があり、大変示唆に富むコメントもいただくことができた。

まず、「なぜどのようにして戦争が行われたかなど、時代背景・社会状況に関する説明も必要ではないか」「なぜ平和が破られたのかを考えることが大事である」「アジア・太平洋戦争に関する説明がもう少しほしい」といった感想をいただいた。これについては、一般の博物館での戦争展示と比べても、やはりアジア・太平洋戦争に関す

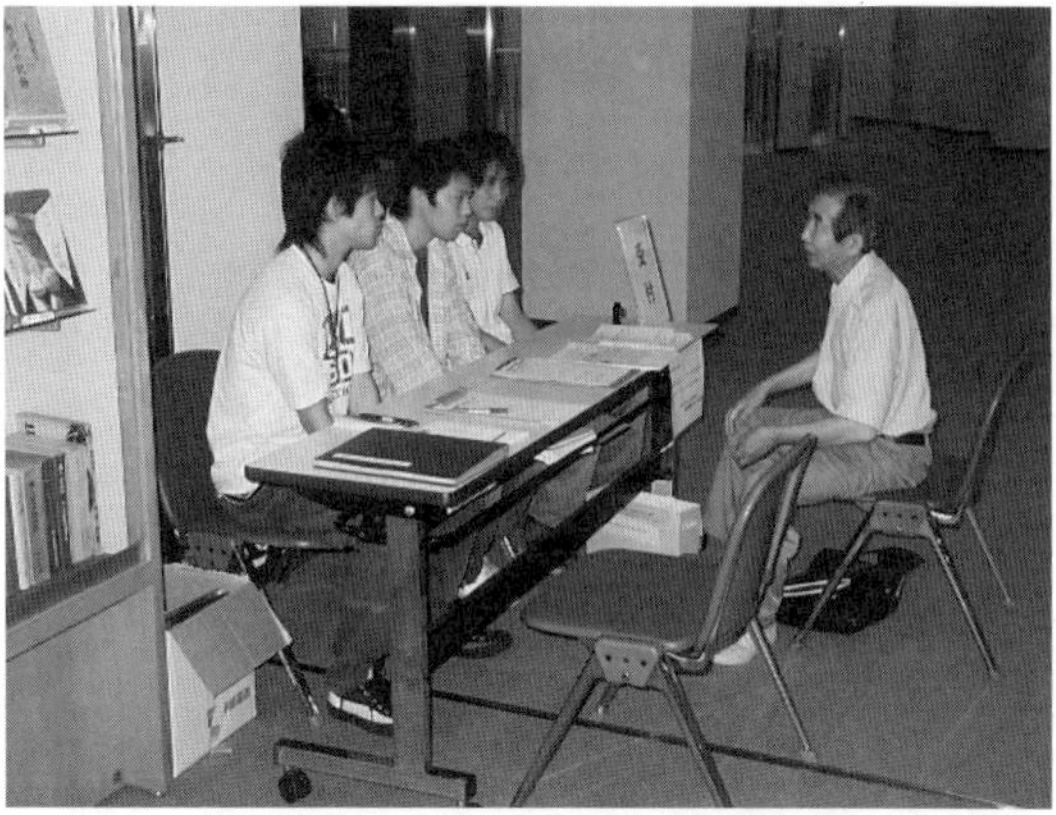
受付のゼミ生に語りかける年輩者

る説明全般が不足していたためではないかと思う。もちろん、本企画展示は、軍事郵便という史料を通じて「一兵士の視点からみた戦争」を追体験するという意図で行ったものであり、アジア・太平洋戦争史を語るためのものではない。スペースの面からみても、出品数はかなり減らし、ごく小さなスペースでできる限りのことをしたつもりであった。しかしながら、基本情報として、あるいは社会背景として、もう少しキャプションの数を増やすなど、配慮は必要であったと思う。

次に、言葉の表記の問題がある。たとえば、私たちは展示において、一貫して「アジア・太平洋戦争」という言葉を使ってきた。これに対し「なぜ〝大東亜戦争〟と表記しないのだ」と、その日受付にいたゼミ生に対して怒りを露わにした来場者もいた。その方は、ご自身が戦争体験をされた方であった。私たちとしては、現代における歴史研究の立場から「アジア・太平洋戦争」という言葉を使ってきたが、戦争が行われていた当時は「大東亜戦争」として人びとに認識されていたのである。しかし、こうした体験を通して、戦争展示の難しさを改めて学ぶことができた。

また、戦争展示には、戦争の記憶を次世代に語り継ぐという意味もある。戦後六〇年を経て戦争体験者が次第に減少していくなかで、また、憲法改正問題や教育基本法改正など、戦前の社会を思わせるような動きが懸念されるなかで、改めて「戦争とは何か」「戦争体験をいかにして語り継ぐか」といった問題が浮上してきている。こうした情勢下で展示を行ったことは大変意義深いものだったのではないかと思う。来場者のなかで、「(私たち戦争体験者が体験を)話すだけでは形に残らないので、このような展示という形で戦争について語り継ぐというのはとてもよいと思う」といった好意的な感想を残された八十代の方がいた。二一世紀を担う私たちは、この言葉を重く受け止めなければならないだろう。

歴史史料としての軍事郵便

軍事郵便は、一個人が書いたプライベートな手紙である。そんなものから一体何がわかるというのか——という批判もあるかもしれない。しかし、企画展示を含めた一連の研究活動を経て、歴史史料としての軍事郵便の可能性を少しだけ見出すことができたのではないかと思う。

前述の通り、戦後六〇年が経過し、日本の人口の大半が実際に戦争を体験したことのない「戦争を知らない世代」となっている。戦争を知らない世代では、学校の授業や教科書など学校教育の場で、あるいはテレビや新聞、本、あるいは映画などを通して、また親や祖父母から聞くなどして、「戦争」というもののイメージを形成している。「戦争は愚かなものである」とか、それゆえに「二度と繰り返してはならない」といったことは、こういった話題に関心がない若者でも、何らかの形で一度は耳にしたことがあるはずである。たしかに、「戦争は愚かなもので二度と繰り返してはならない」というのは、もっともなことであり、いまもこれからもずっと維持していくべき教訓であろう。ただ、そういった教訓を学んでいても、やはりどこかで「自分とは関係のないもの」と思ってしまいがちなのかもしれない。思い浮かべるのは、授業や教科書など、学校教育の場で教わった「戦争」像であり、そこで人びとがいかに生き、死んでいったかなど、実は想像もつかない世界なのではないか――そう考えると、リアリティを帯びた像として「戦争」を知ることができる機会はそう多くない。

筆者も言うまでもなく「戦争を知らない世代」の一人であるが、私自身は軍事郵便に出合うまでは、戦争について、それほどリアリティを帯びたものとして考えてきたわけではない。しかし、軍事郵便を通して、自分と同じぐらいの世代の青年が戦地に駆り出されるということについて、改めて認識することができた。手紙に書かれた言葉の言い回しや気遣いの仕方などについては、「私にはこんなこと書けないな」とも思うが、それを書いているのは、その当時を生きた「普通の青年」なのである。そのような「普通の青年」が戦場に兵士として駆り出され、戦うことを余儀なくされたことに衝撃を受けた。博美さんの場合は、戦地のなかでも主に補給などを行っている部隊に所属していたためなのか、あるいは博美さんが自ら書かないようにしたためなのかはわからないが、戦場の惨い様子はほとんど書かれていない。それでも、行間から伝わる戦地のつらさ、非情さ、惨さ、そして、家族や故郷に思いを馳せる様子はいずれも切実なものである。残された遺族の方にお会いして、その思いはますます高まり、切なくなった。戦争は、私たちがあたりまえと思って過ごしている日常を奪い、引き裂くものなのである。「一旦戦争ということになってしまえば、若者たちはただそれにしたがって前線に赴き、死ぬしかないのだと思う」という感想を書かれた方もいた。この方が示唆しているように、決して他人事ではないのである。このように軍事郵便は、戦争を知らない世代である私たちにとって、より身近なものとして「戦争」を知る一つの材料になるのではないだろうか。

また、軍事郵便は、兵士一人一人の戦争体験を間接的に読み取ることができる貴重な史料でもある。戦争体験者が次第に高齢化していくなかで、今後彼らの体験を聞き取り調査することもますます難しくなる。こうしたことも踏まえて、今後軍事郵便の史料としての重要性はより高まっていくのではないか。これは、いまを生きる私たちが後世に戦争体験を語り継いでいく一つの方法にもなりうるだろう。

あるいは、聞き取り調査では知りえないリアルな「戦争」像が浮び上がってくる可能性もある。聞き取り調査や戦後に書かれた戦争体験記の場合、戦場にいたときの状況とは違い、のちに整理された記憶が語られ、記される。「戦争」という体験そのものは各個人のなかに深く刻まれているのかもしれないが、それは、一〇年、三〇年、そして六〇年と、時を経るとともに変質してしまう恐れがあることは否めない。歴史研究の立場からすれば、その点は慎重に見ていかなければならない。しかし、まさに戦地で生活している状況で書かれた軍事郵便の場合はどうであろうか。家族や友人、恋人など、親しい人に読まれることを想定した文面であることや、検閲されたものであることに注意しなければならないが、そこからはよりリアルな戦場の一端が、断片的にでも見えることがある。このような意味でも、軍事郵便は特筆すべき歴史史料だと思われる。

最後に、一兵士の戦争体験に留まらない、大きな研究につながる可能性について指摘しておきたい。つまり、こうした兵士一人一人の軍事郵便を丁寧にひもといていくことで、戦争に対する一般論や概説では見えなかった「戦争」像が明らかになるのではないかということである。もちろん、そのすべてを見ていくことはなかなか難しいと思われるが、何億通という単位でやりとりされた軍事郵便の存在を蔑ろにするわけにはいかない。

史料としての軍事郵便研究はまだ緒についたばかりだが、研究の蓄積と深化によっては、日本人の戦争体験の総体を明らかにできる可能性がある。

　また、企画展の来場者から「戦後に残された家族の像に迫ることができれば、残された者の心境がより伝わるのではないか」という感想をいただいた。たしかに、残された家族に迫るという視点も必要であり、今後の課題としたい。ゼミでの軍事郵便に関する取り組みとしては、別の人物の書簡の解読作業を進め、ゼミ生共通のテーマとして「軍事郵便」の解読と研究を、その後も継続している。

小泉博美書簡④（小泉光子宛　昭和18年3月3日）

なつかしいお正月の御写眞ほんとうに有難う御座いました、二月二十四日確かに戴きました、それも小隊長殿がお届け下さいまして立相ひのもとに封を開いたのです、写眞在中と書いた封筒、一体何が出て来るかと胸をおさへて見守って居りました、お正月のしかも初詣の晴れ姿、小隊長殿もこれ〳〵と許り見つめて居られました、こちらが姉さんだの妹さんだのと大さはぎでした、元気で〇〇と肥ってゐるので安心致しました、姉さんがしゃがんで撮ったところは名案ですね、病院の戦友にも看護婦さんにも皆んなに御紹介してあげました、ほんとうに良く撮れてゐるので姉さんが自分にそっくりだと見る人〳〵が云って居りました、すぐに御返事書かうと思ったのですが元気なので遊んでしまったの、今日は桃の節句ですね、さぞきれいなお雛様が沢山飾られた事でせう、こちらでは丁度桃の花が満開です、病室の小さな机にあの御写眞に桃の花を飾って御祝ひ致しました、もう五六日もすれば退院出来そうです、気候も春めいて暖かくなって参りました、ニュースはまたね、先づは御礼まで

小泉博美書簡5（小泉清助宛　昭和18年3月26日）

桜の花咲く四月が訪れて参りましたね、皆様お元気の事でせう、相変らずこちらも元気で居ります、この頃では大分気候も暑くなりもう百度以上でせう、止めどもない汗が黒い肌をつたはって流れつゞけて居ります、これでやっと南国のような気がします、夜になっても暑く十二時過ぎなければ眠れません、併し相変わらずこの古都に居ります故御安心下さい、[redacted]新聞で御承知のように我が軍の先鋒は既に奥地に於て活躍、敵のビルマ奪回の夢を現実に打破して居ります、そしていまは

ビルマは明朗な平和な空気が漂って居ります、此の間ビルマの行政長官バーモ博士以下七名が訪日したとのこと誠に頼母しく思って居ります、支那事変に続く大東亜戦争にも拘らず故国の餘裕着々たるさまが窺はれ心から敬服の他はありません、バーモ博士の訪日により全ビルマは輝かしき朝日にも似た光をあびてその大なる成果を期待して居ります、爽風にはためく日章旗の下雄々しき建国のよき日が近づきつ、あります、皇軍勇士は心に誓ってこのビルマを守り続けて居ります、勇士の故郷にはやがて雄々しい鯉幟がさつきの空に見られる事でせう、ではまたお便り致します、遥かに皆々様の御健康と御多幸を御祈りしつ、筆を止めます、匆々

（注）　文中の■■■は、検閲をうけた結果での墨塗り箇所である。

コラム②　私と軍事郵便

中山友里恵

「軍事郵便」という言葉を知ったのは、確か朝日新聞に新井ゼミの活動が載っていた時だったと思う。それ以前にも聞いたことはあったかもしれないが、曖昧である。新聞を読んで、自分たちが読んでいた軍事郵便と関係のある方と連絡がとれた時はどんな気持ちであったのだろうと思った。

それからしばらくして私も新井ゼミに入り、大学二年生の時に初めて一枚の軍事郵便を渡された。確か春休みの合宿までに解読するという課題であったと思う。比較的読みやすい郵便であったため安心した。しかし、墨で塗りつぶされている箇所があった。この時、軍事郵便は本当に検閲されているんだなと痛感した。墨の部分は文章というわけではなく単語であった。どうしても気になったので、光に透かしてみたり、角度を変えたりもしたが、全く下の文字を見ることはできなかった。推測もしてみたがわからなかった。今でも気になっている。

三年生になってからは別の書簡を読むようになった。当の本人は戦場にいるというのに、家族を気づかっていた。あの手紙を読んでいると、本当に戦場にいるのかと思ってしまう。

どの軍事郵便も家族を気づかっているものが多い。自身が安全ではないにもかかわらず、である。実際、検閲があるため、自分の状況はあまり詳しく書けなかった。本当は、逃げ出したいと思っていた人もいたと思う。自分の気持を正直に書くことができない軍事郵便は、ある意味辛いものなのかもしれない。それでも、自分の両親や妻から来る手紙が、戦地にいる兵士にとって待ち遠しいものであったに違いない。ほんの一瞬、心が温まる瞬間なのだろうと思う。

その兵士の書簡の他にも、新井教授の所蔵する軍事郵便の整理をゼミで行った際、私もいくつかの書簡の整理を手伝った。その中に、写真だけが入った封筒があった。その内容とは、日本兵が整列しているものの他に、死体の写真も入っていた。戦時中に日本が行ってきたことの実態を少し見ることができる写真であった。

随分前になるが、軍事郵便を解読するようになって、母方の祖母の家にもあるのではないかと思い、話を聞いてみたことがある。確かに戦地にいる祖父から祖母のもとへ届けられていたようだ。私が見たいことを母に伝え、祖母に聞いたところ、すでに処分してしまったそうだ。祖父の遺品とともに、寺に預けたそうである。もう少し早く軍事郵便のことを知っていたら、本当に身近な存在である祖母から譲り受けることができただろうなと後悔している。

コラム③　一人の兵士の手紙に触れて

益満隆行

私たちの世代も、ある軍事郵便解読に取り組んだ。

その書簡に注目したきっかけは、手紙の内容を一通り見たところ、その内容が家族に関わるもの、戦地での日常に触れたものなど、親近感のわく内容であって、戦争に関する事柄だけではなく筆者その人の人柄にも興味がわいたという程度のものだった。しかし、実際に調査を進めていく過程で、予想通りだったことだけではなく、意外だった点もまた判明した。

まず、この兵士は非常に家族想いの方であった。例えば、五月三日に妻に宛てて出された封書は次のような言葉で結ばれている。

「時節がら子供の体にもよく注意しておいて下さい。殊にお前も体を一層気をつけて余り無理をせぬ様にしておきなさい」

この兵士が家族宛に出した手紙の大半は、このように内地の家族を案じる言葉で結ばれていた。そこからは、私たちが授業や講義で教わってきた家父長制という単語から想起されるような、戦前の男尊女卑、強権的な父親像ではなく、現代のどこにでもいるような、妻想いの子煩悩な人物像が色濃く投影されていた。

ところが、読み進めていくにつれて、この兵士がいた場所はまぎれもない戦場であったことがより明確に意識されるようになってきた。当初は、その大部分を占める朗らかな内容から、戦地といっても後方の安全な地帯にいたのだろうと考えていた。しかし、徐々に読み進めるに従って、それだけではなく、時には日常では体験し得ない事態を妻に伝えていることがわかった時は、私たちの間を衝撃が走りぬけた。

だが、たとえそのようなことに触れていても、この兵士の手紙の文末では、必ず内地の家族のことを心配し続けていたことに注目しなくてはならないだろう。このような、現代に生きる私たちと大差のない兵士も、戦場という非日常に赴かねばならない時代が確かにあったという事実を、私たちはしっかりと認識しなければならない。

私がこのように感じたように、ある種のステレオタイプを打ち破って、よりその時代に親近感を持つことができるようになるという経験は、軍事郵便のような生の歴史史料を扱わなければ味わえなかっただろうと思う。

いまは、この兵士の手紙を通して、人々がどのような想いを軍事郵便に託していたのか、また、軍事郵便からどれだけ当時の民衆の生の声を聞き取ることができるのかというところまで、調査を進めたいと考えている。

第三章　軍事郵便が記録する戦時下の日本とビルマ
――「帝国」内を往還する八八通の手紙――

家族への思いを記録する

私たちが普段何気なく使っている携帯電話やパソコンのメール、両方とも文字を通して自分の思いを相手に伝える機能を備えている。しかし、それが私たちの生活の一部となったのはここ十年来のことである。それ以前は、電話を除いて手紙が自分の思いを相手に伝えるほぼ唯一の手段であっただろう。手紙は、離ればなれになっている人と人とを結びつける役割を果たす。その内容は、事務的なもの、安否を確認するもの、また恋文など枚挙にいとまがない。それは、戦時下、兵士が赴いた戦地でも同様であった。戦場の兵士は、軍事郵便と呼ばれる手紙を通して家族や親類、友人などに戦地の状況や家族の安否などを書き記し、相手との絆を深めている。

ここでは「ビルマ」に出征した小泉博美さんが、彼の故郷である神奈川県川崎市久本に宛てた軍事郵便を読むこととする。ビルマに関しては、市川崑監督によって後に映画化された竹山道雄（一九〇三―一九八四）の小説『ビルマの竪琴』によって、多くの人が「ビルマと戦争」というイメージを持っているであろう。小泉さんは戦地ビルマでの体験や見聞など、数多くのことを葉書や封書に託して家族に伝えている。一通一通の手紙から、これまでの研究では触れられなかった新たな戦争像がわかるであろう。もちろん、軍隊内での検閲により、見たこと、思うこと、あるいは感じたことを自由に手紙に綴ることはできないが、「ローソクの光をたよりに書」かれたその手紙は、国境という壁を越えて家族の結びつきを強めると同時に、一九四一年から四四年までの時代を六〇年以上の時を経て、いまに伝えている。

「ふるさとは遠きにありて思うもの」（室生犀星「小景異情」）といわれるように、人は家や家族から遠く離れた時に、かつて住んでいたところや家族のことをしみじみと思うようである。一九二〇（大正九）年、川崎市に生まれた小泉さんは、軍隊に召集されるまで、米穀販売所に勤め会計を担当していた。そして、一九四一（昭和一六）年一二月に召集令状を受け取るのであるが、その時の様子を、妹の富美子さんは後年、次のように語ってくれた。

兄は午前中に召集令状を受け取ったけど、私たち家族には（すぐ）知らせなかったんです。周りの人が、「博ちゃん、自分の家の人に言わなくていいの？」と聞いたら、兄は「吉田松陰の辞世の句ではないけれど、『親思う心にまさる親心、今日のおとずれなんと聞くらん』。一時でも遅く親に知らせた方がいい」と言って、結局自分からは知らせなかったんですね。だから、私たち家族は、召集令状が来てから何日か経ったあとに、ほかの人から「召集令状来てるよ」と教えられたんです。でも、兄は「あくる日、帰ってから言えばいい」と、その日は立派に勤め上げました。それで、召集令状が来てから一週間もしないうちに召集されたものですから、あとの二、三日はいろいろと整理とか準備に追われていました。

（二〇〇三年七月一七日のインタビューより）

そして、同月八日にあわただしく出征し、一九四四（昭和一九）年三月二七日に戦死するまで、まめに家族に手紙を書いている。「兵隊は内地の便りが何よりも楽しみです」と書く小泉さんは、日頃の軍務の合い間を縫って手紙を書き続けている。その手紙の内容は、家族の安否や自宅がある久本など近所の様子を尋ねたり、また戦地であるビルマの風土や軍隊生活などバラエティーに富み、葉書や便箋に小さな文字で隙間なく紙面を埋めている。

一九四二（昭和一七）年にビルマに赴いた小泉さんは、「夢に見し南国、その南国も今は皇軍の手に帰し治安に（ママ）回復し復興の意気を示しつゝ、あります、東の日本、西のビルマ共に手を取る光明が東亜の空に輝きぬ、世紀の空に輝かん、世界平和の大戦に戈取る我が身の幸福を遥かに故国の皆さんに御知らせしたい此の便り！！」と熱く書き記している。憧れの南国へ赴いたことと同時に、「大東亜共栄圏」の建設に邁進する「帝国軍人」としての小泉さんの意気込みが感じ取れる。

小泉さんが戦地ビルマにおいて軍務など多忙を極めると同じ時期に、彼の家族が住む日本国内は、戦時体制のもと緊迫した日常を送っていた。その生活に対し小泉さんは、「統制や手不足でさぞ忙しい事でせう、然しこれもお国の為です、老若男女を問はず甲斐甲斐しく働く内地の様子はさぞ愛国の念に燃えて居る事でせう、戦時下の銃後と云へども国家総力戦の今日では少しも戦線と変らない気持でやつて行かねばなりません、前線では何よりも銃後が頼りです」と、家族を励ますと同時に、総力戦下において、銃後を支える者としての役割を諭している。

このような小泉さんの家族への思いを念頭に置きつつ、小泉さんがお姉さんからもらった手紙への返事を読んでみよう。

拝啓、おなつかしい御便りを有難う御座いました、随分長かったですね、内地の皆様の気持もよくわかります、こまごまと書きしるされた故郷の状況や、皆様の何時に変らぬ誠心には暫し両眼にうれし涙を催せずには居られません、芸術的な一字一字が自然と故郷を偲ばせ、やるせない心をそうさせるのでせう、内地の便りはうれしいです、戦時下の内地もさぞ窮屈な事でせう、東京が空襲された事も聞いて居ります、さぞ驚いた事でせう、戦線は大丈夫です、私たちも毎日相変らず忙しい日を送って居ります、然し御蔭様で非常に元気です、懐しい故郷の皆様の御厚意に心から感謝致して居ります

この葉書は小泉さんが故郷からの手紙に対し、感激している様子がありありと記さ

れ、また「芸術的な一字一字が自然と故郷を偲ばせ」ると書き記しているように、故郷及び家族との一体性を抱いている。海外渡航が現在よりも一般化していない時代、戦争は海外へ赴く貴重なきっかけの一つであった。今住んでいる場所から離れること、見知らぬ海外へ赴くことは、兵士の一生にとって大きな出来事であり、多くの兵士が不安を抱えていたことと思われる。このような不安を含め、戦地ビルマに赴いたことによって、小泉さんのなかにそれまで住んでいた川崎の実家が、「故郷」として位置づけられ始める。

　お姉さんに宛てられた手紙は、お姉さんをはじめ家族の手紙に対する感謝の葉書であるが、「皆様の何時に変らぬ誠心には暫し両眼にうれし涙を催せずには居られません」という言葉や、また別の手紙にある「遠く故国を離れ来て、こゝに再び故郷愛を感じ、暖かい親心に充分《（ママ）》したり限りないなつかしさと奮起を感じて居ります」という言葉に見られるように、軍務に励む兵士が内心に不安や寂しさをかかえながら、家族に対して持った思いが、戦地と故郷とのつながりのなかで、次第に一体感を持ち始めるのである。出征した兵士と残された家族の絆という一つの物語がここに始まる。

軍隊生活を記録する

次に小泉書簡に記録されていることとは、彼の軍隊生活である。軍隊での生活については、一般にスパルタ主義を思い浮かべるが、小泉書簡は意外な側面を覗かせる。まず軍隊と聞いて真っ先に思い浮かべる戦闘の様子やそれに関わる情報をまったく記さず、小泉書簡はもっぱらアットホームな隊内の様子を記している。それは軍隊内の機密はすべて検閲に引っ掛かるので、予め書かなかったとも推測され、また、家族には心配かけまいと、悲惨な戦場の様子をあえて書かなかったのかもしれない。

「私も両親のある立派な帝国軍人」として、仲間の兵士とともに「軍務に精励」する。「勝たねばならぬこの未曾有の大戦争に参加し今日の再起を思ひ、つくづく日本男子の名誉を感じて居ります」と、軍人としてのプライドを持ちつづけている。

軍隊生活の一日は「朝夕東天を拝するのが日課であり故国の皆様への感謝」が「義務」とされ、日本とははるか離れたビルマと強い結びつきを感じさせる。「戦線の守りは愈々固く共栄圏の確立に邁進して居ります」と書き記しているが、「軍暇の折には」「ビルマ語の研究に余念」がなくとあるように、「共栄圏の確立」のために、自分なりに日本とビルマのズレをなくそうと一つの試みに取り組んでいることが読み取れる。

小泉さんは、軍人として上の階級に進級するために、日頃の勉強を怠ることをしない。進級するためには試験に合格する必要がある。そのために試験勉強の教材として、新聞を送るよう手紙に書き、また、「内地のニュース」を手紙を通して知るように努めている。一度は手続きの都合でチャンスを逸するが、二度目は合格し、「幸にも皆様を初め幹部の方々の御蔭を以て中隊僅か十数名の選抜上等兵に命ぜられ、無上の光栄と喜んで居ります」、「私もこれで皆様の御期待の万分の一にでも報いられた気持がして非常に嬉しく思って居ります」と喜びを隠さない。ここでは手紙がその状況を伝えると同時に、人間としての感情を伝える重要な手段となっている。

　小泉さんも含め、戦場の兵士は「内地の皆様は今頃何して居るだらう、あの子はなにして居るだらう、誰しも思はぬ人は御座いません」と記すように、手紙のやりとりはどの兵士にとっても嬉しく、楽しみだったに違いない。手紙に励まされた兵士も多かったことであろう。手紙の数からもわかるように、小泉さんと家族との手紙のやりとりは周囲の兵士にも評判であったらしく、「こちらでは兄ちゃんが大好評で、皆が自分を見ては兄ちゃん御手紙だよ、なんて班長さんを初めなん《（ママ）》です」と軍隊としては意外に感じるほど、ほのぼのとしたひとこまを記している。このような体験をした小泉さんにとっての軍隊は、「体は肥るし懐は暖くなるし実に軍隊は有難い処ですね」と軍隊が一つの家族のような共同体となっている。それはかつて、渥美清（一九二八—一九九六）が主演した映画『拝啓天皇陛下様』のひとこまを髣髴とさせる。では「帝国軍人」として活躍している小泉さんが、赴いたビルマとはどのようなところだったのだろうか。戦地ビルマの様子を描いた手紙の記述を読んでみよう。南国ビルマの意外な姿が窺える。

「帝国」の〈いま〉を記録する

小泉書簡は、家族や地域の人々への思い、軍隊生活の様子、そしてビルマの風土や文化、あるいは日本の軍政に伴うビルマの「日本化」など、史料として興味ある内容で、読む者を掴んで離さない。小泉書簡を整理してみると、その内容から故郷（内地）とビルマ（外地）に区分でき、さらに両者を「帝国」という一つの空間で括ることができる。ここでは、「帝国」をキーワードにし、小泉書簡のもつ魅力に迫ってみよう。「親日的な住民と一緒になり必ず必ず目的を達成する覚悟」でいる小泉さんは、戦地ビルマで何を見て、何を感じ、何を記録したのだろうか。

先にも述べたように、小泉さんの戦地からの手紙は、ビルマの気候や環境、文化まで事細かに記している。当初は「住馴れぬ異郷の地」と困惑気味だった様子が、「進軍を続け」るなかで、「猛毒性を帯びたサソリ及コブラ（蛇）」や「トカゲ」、「リス」など日本では目にすることのない動物や「珍貴な果実類」、「バナ、の木の密林」、さらには仏教国ビルマにおける「佛教熱」などに触れている。仏教に関わる「僧侶」の姿や「パゴダ（寺院）」に関する記述はその一つであろう。また、「ビルマ料理も非常に美味しく」、「ビルマの子供達」が「何んにも知らない日本語を勉強して日本の兵隊さんを喜ば」すなど、ビルマの生活に徐々に慣れていき、交流も深まっていく。そのような生活のなかで、ビルマのなかに見ることができる「日本」を記録している。ここで、小泉さんが父親に宛てた手紙を読んでみよう。長い手紙なので一部分を紹介する。

次に南洋便りとでも申しませうか、当地の様子を御知らせ致しませう、御承知の如く当地は六月に入り本格的の雨期となり、日毎の雨に見舞はれて居ります故、草原は勿論のこと、到る処に緑の世界が現出して居ります、緑の曠野に背伸びするが如く、又さ、やく如く咲き出づる紅の草花は一入美しく故国が思ひ出されます、野菜類も相当多く野生的に繁茂致して居ります、話に依ると此の雨期も十一月位まで続くだらうとの事です、雨期は気温も低下し非常に涼しく、半歳雨期で半歳干期と云ふ、南国も住めば都で内地で想像する程住みにくくはありません

人種は非常に多く、ビルマ人を初め《(ママ)》として日本人は勿論のこと、インディアン、支那人、土人雑種等それは〳〵民族の祭典を思はせます、当地は米の産地だけであって彼等の作る赤飯も容易に食べる事が出来ます、又ビルマ料理も非常に美味しくすっかり馴れて了ひました、南洋と云へば誰しも黒ん坊とか椰子の木を思ひ出すでせう、特にビルマは佛教の発祥地に近いだけあって佛教が非常に盛んで、到る処に黄金塔を見る許りでなく、インディアン人の耳飾りや鼻環などは一入人の眼を奪ひます、又道路を素足で歩くのもめづらしく思はれます

私達の住む南洋は一体どんな処でせう、御想像下さい

　椰子の影南の星の輝けり

雨空をにらむ女人《メンマ》や耳飾り
お前かと見直す顔や黒ん坊

当地ビルマは非常に日本語が普及され、小さな子供達の話す日本語もなつかしく、びっくりする位です、「日本語顔負をする日本兵」など、面白い光景が繰り擴げられて居ります

この文面から読み取れるのは、まずビルマの気候やビルマに住む人々の特徴である。「夢に見し南国」ビルマの風土一つ一つに故郷を偲ぶ記述は、ビルマの風土に故郷を重ね合わせるとともに、故郷への思いが読み取れる。この地での活動や「移動にともない、生地やそれまでの居住地が「故郷」となり、同時に、「故郷」を語る場所が自覚化され」と成田龍一が記しているが（『「故郷」という物語』吉川弘文館、一九九八年）、ビルマで軍隊生活を送るということは、小泉さんのなかで故郷と戦地がともに発見され、意識化されているのである。そして、小泉さんが出す手紙を通して、戦地ビルマの姿が川崎に住む家族へと伝えられている。手紙のなかで、日本と大きく異なる文化をもつビルマの状況を強調するとともに、日本にいる家族に、日本とビルマが

「大東亜共栄圏」の下でいかに一体化し始めているかということを伝えるための小泉さんの試行錯誤が読み取れる。

それと同時に、「帝国」としての日本のありようがまざまざと伝わってくる。周知のように、戦時下の日本は東南アジアの各地に軍政を敷き、日本の帝国空間に取り込む。手紙には、「当地ビルマは非常に日本語が普及され、小さな子供達の話す日本語もなつかしく、びっくりする位です、〈日本語顔負をする日本兵〉など、面白い光景が繰り擴げられて」いることや「住民も至極従順にて皇軍に協力、日本語の研究に熱心で」あることなど、現地での日本語教育および日本語の普及について詳しく書き記している。さらに、ビルマの「映画館では日本写眞を初め（ママ）ビルマのも沢山見られ」ることや、「ビルマには目下日本語が非常に普及され、日本語学校などの開校を見、老人を除くすべての人が日本語を知って」いることなど、ビルマにおいて日本の軍政が定着し、「日本化」がすさまじい勢いで進行していることが読み取れる。これらの内容は、日本の敗戦後、日本の軍政がビルマにどのような影響を与え続けたのかというポストコロニアルの視点からみても興味深い。

また、ある文面には、「共栄圏のお友達を得た日本の人々はお父さんお母さんであり、又富美ちゃんなどは立派なお姉さんなのです、立派なお姉さんとして恥しくない様に一生懸命努力して下さい」と、「大東亜共栄圏」を日本が牽引するという当時の日本人のありふれた意識も記録されている。

最後に、小泉書簡は日本とビルマというそれぞれのエリアを「帝国」という一つの空間に位置づけ、そのなかで、日本の〈いま〉とビルマの〈いま〉を結びつける役割を果たすと同時に、「帝国」の〈いま〉を記録し、空間的一体感を体現している。このように軍事郵便は、手紙の受取人に差出人の置かれている〈いま〉を伝えるばかりではなく、同時に、当時の「日本」の〈いま〉を記録している。

おわりに

小泉さんと川崎の家族との国境を跨いだ手紙のやりとりは、約二年三ヶ月続いた。しかし小泉さんは、その墓石に刻まれているように、一九四四（昭和一九）年三月二七日午前九時五〇分に、ビルマ国カレワ縣インダーギー完勝山の麓で戦死する。享年二五歳。遺族の冨美子さんは、戦死の公報が来たときの様子を次のように語っている。

（一九四四年）三月二七日に亡くなったそうなんですけど、通知が来たのは四月の末ぐらいだったでしょうか。あまり、記憶にないんです。でも、とにかく家族全体が突然のことで、何とも言えなかったことだけははっきりと覚えています。「戦死ス」とだけ、赤字で書かれていました。この公報のあとも、何通か本人の手紙が来たので、「（戦死したことは）間違いで、（兄が）生きていたらなあ」と何度も思いました。

（二〇〇三年七月一七日のインタビューより）

『専修史学』に翻刻した小泉さんの軍事郵便は全部で八八通であるが、富美子さんが語るように、小泉さんの戦死後も何通かの手紙が自宅に届き、それを含めると実際の手紙の数は今回翻刻した数よりも多いことになる。しかし小泉さんの戦死後に届いた手紙は、あの世の息子に返すという思いを込めた小泉さんのお母さんの手によって燃やされたということである。小泉さんの遺品は、入隊時にとっておいた爪と髪の毛、海外に出る前の、国内移動中に立ち寄った広島で購入し、自宅に送った兜、そして小泉さんの戦死後に届いた親指大の遺骨などしかない。小泉さんのお母さんが息子の手紙を燃やしたことを知り、数少ない遺品などをみる時、そこに、戦争で家族を失った遺族の悲しみがあり、また、小泉さんの家族と同じような思いをした人々が日本だけにとどまらず、世界中にもいることを想起しなければならない。このような遺族をはじめとする戦争体験者の思い、あるいは感情を歴史学がどのように受け止め、歴史化し、叙述していくか。戦後六〇余年を過ぎ、戦争体験者の高齢化が進む現在、歴史研究者の一人一人に問われているのではないだろうか。戦争史はいま正念場を迎えている。

さて小稿では、小泉さんの軍事郵便をあくまで史料の一つとして、どのような歴史像が描けるのかという概観《デッサン》を試みた。これをもとにどのような歴史像が描けるか、そして一文字一文字に込められた思いをどのように戦争史の一つとして提示していくか。今後の課題である。本稿をその第一歩としたい。

『専修史学』に翻刻した軍事郵便八八通の手紙に込められた小泉さんの溢れんばかりの家族への愛情や、小泉さんの戦死後に届いた手紙をお母さんがあの世の息子に返すと言って燃やしたという事実、そして何よりも小泉さんの戦死に対する御家族の悲しみを忘れることなしに、この軍事郵便を読むことはできない。軍事郵便は、戦争史をはじめとする日本の近現代史を考える上で、重要な史料であると同時に、持ち主にとっては、手紙の一枚一枚に生きた証をたどり、戦死者との大切な思い出をいつまでも汲みだすことができるかけがえのない宝物である。

小泉博美書簡6（小泉清助宛　昭和18年9月10日）

前略大変失礼致して居ります、皆様御元気ですか、どうも此の頃はいくらか南方ぼけでもしたのでせうか、あまりお便りしないで申訳ありません、御承知のやうに当地ビルマも去る八月一日雄々しくも独立の第一歩を印し、「ビルマの国はビルマの兵隊で」と許り、発《（潑）》剌たる新しい兵隊さんが日本の指導の下に澤山出来上りました、私達も及ばす乍ら軍務に奮斗致して居ります故御安心下さい、此の雨期明を利して大望の○○が待って居ります、先日尊地の宮崎公子さんと云ふ人からお便りを戴き、早速返事は差上げておきましたが一体どなたでせう、御照会下さいね、此の頃では毎晩十二時一時位迄は起きて居りますので、十一時の内地のニース《（ニュース）》放送が聞えて参ります、「ソロモン」の激戦や「イタリヤ」の降伏、誠に波瀾なる世界状勢の進展が刻々と伝へられて参ります、ではまた新しき戦果を求めて御便りする事に致しませう、皆々様御元気でね

小泉博美書簡[7]（小泉清助宛　昭和18年12月8日）

長らく御無沙汰致して居ります、皆様御元気ですか、お便り度々有難う御座ゐます、あまり便りが行かないので心配して居られる事でせう、これからは成る可くお便りするつもりです、何卆御赦し下さい、私も相変らず元気で班長殿と一緒に働いて居ります、此の間は下作の鈴木芳夫様からお便りがあり、びっくり致しました、早速御返事を出しましたが宜敷御礼を申して下さい、ビルマも此の頃は大変寒くなり、冬支度のチョッキやシャツが役立ち大助かりです、家の文吉が皆の人気を呼んでゐるのと同様、宿舎には可愛いリスが飼ってあります、今ではすっかり放し飼ひで、呼べばどんな所に居てもすぐ飛んで来て、肩や頭や所きらはずかけ廻って兵隊達を喜ばして居ります、いづれまた！　皆々様の御健闘を心からお祈りして居ります、佐様奈良

コラム④

「小泉博美書簡研究」を振り返って

郡司　篤

私が、専修大学を卒業してはや四年になろうとしている。今思い返してみても、学生生活で、最も大きなウエイトを占めたのはゼミでの活動だったといえる。たまたま、「小泉博美書簡研究」の中心となる世代として新井ゼミに入り、その代のゼミ長をやらせてもらったことで、様々な体験をさせていただいた。『専修史学』への投稿、企画展示の開催というゼミ最大のプロジェクトの中心として活動し、そこから発展して、テレビ・新聞の取材、ラジオへの出演、高校生への講演など、普通に大学生をやっていては経験できないようなことを多く経験した。取り組み始めた最初は、自分たちの研究がこのように進展していくとは夢にも思っておらず、ゼミでの活動は本当に刺激的な出来事を多く提供してくれた。

「小泉博美書簡研究」は、そもそもゼミに入った際の、古文書解読の入門として選ばれたものだった。新井勝紘教授の所有する多くの軍事郵便の中で、大学と同じ川崎市に宛てて出された手紙ということで選ばれたものであったが、結果としてその判断が功を奏し、ご遺族とコンタクトを取ることができたことがすべての始まりであったように思う。手紙を読んで得た知識のみで漠然としたイメージを描いていたに過ぎなかったものが、ご遺族からの聞き取り調査により、小泉博美の人物像をはじめ、様々な情報や知識を得たことで、研究していく道筋が立ったと感じているからである。ゼミの後輩たちは、別の人物の軍事郵便を研究しているが、アドバイスとして「遺族・関係者とコンタクトを取ること」をあげたい。手紙の文字だけではわからないものがあり、聞き取りによって得た情報や知識は、その後の研究において、しっかりとした軸足になるのである。

私はゼミ長として、また「小泉博美書簡研究」のメンバーとして活動したが、その中でもっとも難しさを感じたのは人に伝えることの難しさである。

一つは外部に対して伝えることの難しさである。外部に対しては、企画展示やマスコミ、講演など、伝える機会が多くあった。まず展示に関しては、伝えたいボリュームと展示スペースの制約のバランスがとれず、直前まで、具体化していなかったのが実情だった。小泉博美の軍事郵便の内容や、小泉博美が関わったビルマ戦線についてなど、与えられた展示スペースでとてもやりきれるものでなく、何をどうまとめていくのか、メンバーの中で多くの時間を割いて話し合ったものである。展示に際してはマスコミの取材も多く、一〇を超える取材を受けた。最初は緊張して、何を話していいのかもわからないような状況であった。しかし、考えてみればインタビュー形式で受け答えすることで、あとはすべてプロの手でまとめてくれるわけで、慣れてくれば楽しいものであった。背伸びする必要もなく、自分の思ったことを素直に答えることが、取材する側にとっても一番よいように感じた。しかし新聞以外のメディア（テレビ・ラジオ）は、結局自分の言葉で伝えるものであり、質問されてからのわずかな時間で、言葉として形にする必要があり、大変難しく感じた。

もう一つは、内部に対して伝える難しさがある。それを最も感じたのは世代交代の際だ。一年間小泉博美の研究を続けてきて、それを四月から新たに入ってきた後輩に伝え、さらには彼らに同じ研究のメンバーになってもらうことが、非常に難しかった。決まった教科書があるわけでもなく、まず大前提として小泉博美の軍事郵便の内容を把握してもらわなければいけない。その上で、聞き取り調査の内容をはじめ、一年間の研究内容を伝える。結果としてはあまり体系的に教えることもできず、何とかついてきてもらったという感じになってしまったので、後輩にははなはだ申し訳ない気持ちでいっぱいである。伝えるためにもう少し、自分たちの中で整理ができていなければいけなかったのだろう。その辺りも視野に入れて活動できればよかったなと感じている。

企画展示は「戦没兵士のビルマ便り」というタイトルで一兵士にスポットを当てたものだったが、結局のところ戦争展示である。戦争を取り扱うということに関しても、難しさを感じる出来事があった。展示の初日の来館者で戦争の呼称について怒りを露わにされた方がいたのである。私たちは、一般的な呼称として「アジア・太平洋戦争」という表現を用いたが、その方は「なぜ大東亜戦争と書かないのか」と指摘された。これは、私たちにとって深く考えさせられた出来事だった。私たちの世代からすれば、中学、高校と教科書の中で「太平洋戦争」として学び、「大東亜戦争」という呼称があることは知っていても用いることはなかった。「太平洋戦争」という呼称をスタンダードなものとして教わってきたのである。逆に、当時生きていた方々にとってスタンダードなのは「大東亜戦争」ということになる。最終的には、現在のスタンダードな呼称を用いたのだという説明でご納得いただいたが、非常にシビアな時代を取り扱っているのだと実感した出来事であった。

最後に小泉博美の軍事郵便を三年間研究して感じたことを書きたい。三年間研究をしてきて、歴史の上ではわずかな時間でしかない六〇年という時間の違いだけで、自分と同年代の若者が戦地に赴き、「死」を意識しながら、故郷の家族に宛てて手紙を書いているという事実には、深く考えさせられた。当時の兵士たちに比べ、私たちは日常で「死」を感じることなどほとんどない。「死」を感じる日常の中で、故郷にいる家族を心配して手紙を書くなどということが自分にできるのかと考えると、自分のことで精一杯になってしまうだろうと思う。しかし、メールもなく電話も普及していない当時、戦地に赴いた兵士から不定期に届く直筆の心のこもった手紙は、内地に残った家族にとってかけがえのないものだったに違いない。軍事郵便を通し、一人の兵士に密着して研究したことで、漠然としたイメージでしかなかった「戦争」について、もっとはっきりしたイメージを持つことができたのは確かである。ただ単に〇〇年に戦争が始まったとか大枠での話ではなく、戦争に直接参加した一人の兵士が、兵士としての日常をどのように過ごしていたのか、家族に対し何を想ったのか。それらにリアルに触れさせてくれた軍事郵便は、どんな教科書よりもよい教材であったと思う。

コラム⑤ 〝命の手紙〟軍事郵便が教えてくれたこと

上竹奈緒

軍事郵便との出会いは、私が大学三年生の時だった。ある日のゼミで新井教授が古い手紙の束を持ってきて、これが戦争中に兵士と家族間などでやりとりされた手紙だと解説してくれた。百通を超える手紙の差出人は小泉博美という若い青年だった。

「前略、暫く御無沙汰致しました、其の後皆様には御変り御座いませんか、……」

「毎日元気一杯で余念なく御奉公中ですから何卆ご安心下さい……」

「拝復、皆様の御元気な様子を書面から拝見し心から喜んで居ります、南国は相変わらず暑いです、然し健康第一主義を以って働いて居りますから大丈夫です、……」

几帳面な文字で家族を気遣う言葉がつづられた古い葉書。現代では使われなくなった旧字や難解な〝くずし字〟のため、同じ日本語にもかかわらず読むのも一苦労。その手紙の多くに、相手を思いやり、気遣い、励ます言葉が見られ、自身の苦労や困難について触れることはあまりない。まるで旅行先から出されたかのような綺麗で優しい印象の手紙ではあるが、文章の所々に見られる墨塗りや、表に押された検閲印を見ると、これが戦地から送られた手紙であるという事実が認識され、一気に現実味を帯び始める。

初めて見る軍事郵便という生の史料に触れ、「戦争」がよりリアルなものとして迫ってきた気がした。私はそれまで「戦争」という歴史的事実は知っていたが、どこか自分とは関係のない、遠い国の昔話のように感じていたように思う。軍事郵便との出会いはまさに歴史との対話であった。それまでどこか現実感のなかった戦争や、異国の地で戦った兵士の存在、そしてその兵士たちにも家族がいたという、当たり前のことなのに見えていなかった歴史が、軍事郵便を通じて可視化されたのである。そして、こんな悲しい戦争は二度と繰り返してはならないという思いが一層強くなるとともに、平和のありがたみを強く感じた。きっとゼミ生全員が同じ気持ちだったと思う。

現代では通信手段が発達し、手紙を出さなくても携帯電話や電子メールなどを使うことによって、より簡単に早く連絡を取り合うことが可能である。しかし、戦争中は手紙だけが異国の地にいる兵士と家族を結ぶ唯一の手段であった。軍事郵便は、兵士と家族がお互いに安否を確認し合うための重要なツールだったのである。まさに〝命の手紙〟である。そして、兵士の想いが詰まった命の手紙は、六〇年の時を経て私たち若い世代に戦争の歴史を伝えてくれた。教科書だけでは決して知り得ることのない一般の人たちの歴史を。

私は現在、高校で日本史を教える新米教師だが、まだまだ「歴史＝暗記物」という公式は健在であり、単語ではなく史実を教えることの難しさをいつも感じている。でもいつか授業で戦争を扱うことになったら、軍事郵便について紹介し、追体験させることで、戦争の悲惨さと平和の大切さを実感してもらえたらいいな……と思う。私も戦争を知らない世代の一人だが、今後の教員生活の中で、大学時代に軍事郵便が教えてくれた戦争について、より若い世代の子どもたちに語り継いでいきたいと思っている次第である。

第四章　衣川《きぬがわ》書簡の分析と関係者追跡の旅

衣川賢太郎さんの軍歴と生涯

私たち四年生が中心となり研究に取り組んだ「衣川書簡」とは、衣川賢太郎さんという一兵卒と富田（旧姓、現在は黒川）賢子《たか》さんとの間で取り交わされた四〇通の軍事郵便のことである。手紙の形態・特徴は、①全て北支派遣（現在の中国北部）の衣川賢太郎さんから富山県に住む富田賢子さん宛てであること、②葉書と封書形態の二形態あること、そして最大の特徴は、③検閲者が本人の衣川賢太郎さんであることである。軍事郵便には多くの場合検閲印が捺されており、部隊の詳しい場所や作戦、日時など、文面にしてはいけない制限があった。それをチェックするのが検閲者なのだが、検閲者と手紙の書き手が同一であることは非常に珍しい。これらの特徴に注目して、衣川書簡の読み込みを行うことになった。

ここでは、衣川書簡の差出地と部隊名、衣川賢太郎さんのご子息・春馬さんから聞き取りした時の話を参考にして、衣川賢太郎さんがどのような軍人生活を送ったかについて、軍隊手帳などから跡付けてみることにする。

衣川賢太郎さんは一九一二（明治四五）年四月一八日、衣川家の次男として京都府夜久野額田に生を享ける。家族は他に兄一人、姉一人、妹二人という家族構成で、家では農業を営んでいた。

賢太郎さんの軍歴は一九三一（昭和六）年九月一八日、満州事変勃発の年に始まる。一九歳で現役志願兵として陸軍砲兵二等兵に任ぜられ、一九三二年一月一〇日、舞鶴重砲兵大隊に入隊、第一中隊に編入する。同年五月、横須賀重砲兵学校教育隊入隊。同年七月、陸軍砲兵一等兵になり、一二月に陸軍砲兵上等兵に昇進。一九三三年編成改区により真鶴重砲兵連隊改構。同年五月、横須賀重砲兵学校教導隊卒業。同時に下士官候補者になり助教として同校に在校。同年一二月、陸軍砲兵伍長になり、翌一九三四年一二月には陸軍砲兵軍曹に昇進。一九三五年六月、真鶴重砲兵連隊復帰。一九三六年九月、横須賀重砲兵学校・電灯技術者養成に入校。一九三七年三月、真鶴重砲兵連隊復帰、陸軍砲兵曹長に昇進。

一九三九年四月、独立混成第六旅団砲兵（野砲兵）第二十二連隊補充隊に転属。同年八月、独立混成第六旅団砲兵隊が編成され同隊転属、第一中隊に編入する。同八月、広島県宇品港を出港し上海に上陸。その後は華北地区の警備及び各地の討伐作戦に参加している。一九四〇年三月、勲八等瑞宝章を受領し、翌月四月にも勲七等瑞宝章を受領する。さらに一九四三年四月には勲六等瑞宝章も受領している。同年六月、独立混成第六旅団は編成を解き、第六十二師団（石）編成独立歩兵第二十二大隊歩兵砲兵隊に編入し、ここで運命が大きく変わる。

一九四四年八月、上海を出港してついに沖縄本島那覇に上陸する。その後は沖縄本島中地区防衛、並びに作戦に参加。一九四五年三月、沖縄本島の戦闘に参加しているのである。そして一九四五年八月一五日の日本敗戦を沖縄で迎え、一九四六年一月には、米軍石川捕虜収容所に収容される。長い捕虜生活を経て、終戦から約一年半後の一九四七年一月になって沖縄本島を出港し、一月八日に名古屋港に上陸して翌九日に復員した。

このように衣川賢太郎さんは十五年戦争期を軍人、それも職業軍人として過ごし、さらに日本国内の唯一の戦地である沖縄戦にも参加しており、数少ない生存者になった。特にこの沖縄戦の記憶と体験がトラウマとなり、死ぬまで苦しめられていたことがインタビューで明らかになった。

復員後は兵庫県朝来《あさご》市の古川家に養子に入り、亡くなるまでその地で暮らした。字も達筆で、ある程度の教養を持っていたにもかかわらず、他の職業につかずに最後まで農家としてひっそり暮らしたということだった。

衣川さんと富田賢子さんとの関係

私たちは、手紙のやりとりをしていた衣川さんも富田さんも、どのような人なのかまったく知らなかったので、二人はどのように知り合い、どのような関係だったのかを文面から推測しながら解読を進めていた。その内容は相手の健康を気遣うもの、中国の文化や生活を伝えるもの、祖国日本を懐かしく思うものなどさまざまであったが、全体的に非常に親しい間柄ではないかと感じるところが多かった。また文通が何年も頻繁に続けられているということもあり、二人はひょっとしたら恋人同士ではないかと疑うほどであった。しかしある手紙から宛名が富田姓から黒川姓に変わり、その内容も富田さんに子供が生まれたことを祝っている。また、「自分（衣川賢太郎）には

2005年11月5日、富山でのフィールドワーク。
寶樹寺で黒川（旧姓・富田）賢子さん（右から二人目）とゼミ生
（左から栃折敬子・菊地太郎・白石敦子、写真撮影は中島隆太）

その兆候がありません」とも記している。このことから二人は恋仲ではなかったことが明らかになった。手紙にはしばしば衣川さんが作った詩が書かれていたり、写真も送っていた形跡があり、なかにはネガフィルムを同封していたものさえあった。それも一通だけではなく複数あった。

実際に二人の関係性がわかったのは、二〇〇五年一一月に行った富山県でのフィールドワークである。運よく富田賢子さんのご自宅までたどり着くことができ、ご本人に直接お話を聞くことができたのだ。富田さんによれば、「女学校で慰問袋を一人一つずつ作り、自分が作ったものを偶然衣川さんが受け取ったのだろう」とのことであった。ここで初めて二人は全く面識の無いもの同士であったことがわかった。

賢子さんからの聞き取りによれば賢子さんは一九二二（大正一一）年九月二六日、富田眞乗・千代の次女で密蔵寺というお寺の娘として生を享けた。当時できたばかりの高岡県立女学校に通っており、そこで慰問袋を作ったという。「一九四一年頃、『不二越鋼材』に勤労動員で約一年勤めており、真珠湾攻撃のラジオ放送をその寄宿舎で聴いた記憶をはっきりと覚えている」という富田さんの言葉は、印象深い。その後、二一歳まで密蔵寺で暮らし、結婚して寶樹寺に嫁ぎ黒川姓になったという。富田さんは短歌・俳句が趣味で、現在も富山県の寶樹寺にてご健在で、二〇〇六年九月二六日で満八五歳になられた。

謎を追い求めて——賢子さんの所在と衣川姓の追跡

四年生がそもそも衣川書簡の解読に取り組み始めたのは、二〇〇五年九月のことであった。四〇通の手紙のほとんどは二〇〇六年度卒業生が既に解読していたため、未解読のものはわずかであった。同年一〇月、二〇〇六年度卒業生と私たち四年生でグループワークによる衣川書簡の考察を行った。この流れで同年一一月三日から五日にかけて、作業に関わっていたゼミ生のうち四人（栃折・白石・菊地・中島）で、手紙の宛先の富山県へのフィールドワークを実施した。これはゼミの先輩たちが、小泉書簡の関係者を追跡して大きな成果をあげたことを知っていたための行動であった。

東京から車で約六時間かけ、三日の夜に富山に到着し、翌四日から調査を始動した。まず、最初に射水《いみず》市役所（旧大門町役場）に行き、市役所の職員の方にお会いした。富山に行くことに先立ってこの方に連絡を取っていたので、密蔵寺と生源寺「英霊碑」（水戸田遺族会）に案内していただくことができた。密蔵寺とは、富田賢子さんが生まれ育った寺であり、四〇通の軍事郵便の中でほとんどが密蔵寺宛になっていることからの訪問である。現在の密蔵寺は廃寺になってしまっているため、他のお寺に檀家がうつされていた。偶然にも密蔵寺に行った日、そのお寺のご住職とお会いすることができ、密蔵寺のことや手紙の受取人の富田賢子さんの家系のことなどを詳しく知ることができ、また富田さんの現在住んでおられる場所も教えてもらうことができた。ここで初めて富田さんは寶樹寺に嫁いだということを知った。そこで早速、富田さんとコンタクトを取らせていただき、翌日お宅へ伺うことを承諾していただいた。その日の午後には、手紙の宛先が「株式会社不二越」となっていたものが数通あったので、株式会社不二越に行ってみた。しかし、アポなしの訪問ではあまりにも無謀な挑戦であった。

翌五日、私たちは富田さんが住む寶樹寺へ伺った。そこで衣川さんからの手紙の受取人だった富田さん本人に直接お話を聞くことができた。その時、鳥肌がたつほど興奮したことを昨日のように覚えている。ここでわかったことは、結婚されて苗字が黒川になっていること（苗字が黒川に変わってからの軍事郵便を、この調査後に発見）、本名は賢子《たかこ》ではなく賢《たか》であったことだった。これは、賢だけだと男性と間違えられてしまうので、自分で子を付けているということだった。実際に本人にそのような経験があったため、公式の時以外は賢子と称しているようだ（なお、ここでも賢子という名前で記載する）。

また、手紙の主の衣川さんは戦争終結後に無事に復員され、日本に戻ってきたこと、衣川さんの出身地が関西ではないかということがはじめてわかった。これは、戦争終結後に無事に復員できたという手紙が衣川さんから届き、宛名が関西のほうだったのではという記憶が富田さんにあったからだ。その手紙は現在どこにあるかわからないため、衣川さんの出身地をその場では、はっきりと確定することは難しかったものの、私たちは新しい情報を得ることができ、フィールドワークの大切さやその醍醐味を実感することができた。実際に本人と会い事実を知ることで、聞き取り調査をする前は想像するしかなかった話が、現実となって私たちの目の前に存在していることを、富山で身をもって感じることができた。この経験が、さらに次の聞き取り調査へとつながっていったといえる。

そして同年一二月、これらの成果を踏まえて衣川書簡研究の続行と完成を目指すことを決意した。二〇〇六年二月には、衣川さんの所属していた旅団とその概要をつかんだ。独立混成第六旅団と六十二師団であった（混成旅団が編成されて六十二師団へ）。同年四月、防衛庁（現・防衛省）戦史資料研究所へ行き、所属部隊を第六十二師団第六十四旅団独立歩兵第二十二大隊四二八三と確定した。これらの調査を経て、同年五・六月に本格的に取り組み、書簡の再読み込みや語句の意味の確認を行った。

同年七・八月の夏休みでも、週一回のペースで集まり作業を行った。この時期は、書簡の再読み込みと語句の確認に加え、仮目録の作成を始めた。文書内容を確認する過程で、京都の地名がいくつか出てきていること、京都府には衣川姓が日本一多いことから衣川さんは京都出身ではないかと推測した。こうして同年九月から衣川さんの所在探しが始まる。しかし個人情報保護法の壁は高く、個人を捜し当てることは容易ではなかった。また衣川さんの当時の階級が准尉であることを考えると、もし現在も生きているとすれば百歳くらいだと推定でき、探すことは非常に困難であると思われた。一〇月になって、衣川さんが所属していた六十二師団をネット検索したところ、沖縄に六十二師団を慰霊する碑があることがわかった。これは、六十二師団内の京都出身者で、沖縄戦で戦死した方の慰霊を目的としたものであった。これを管理しているのは「沖縄・京都の塔奉賛会」という団体で京都にあるらしく、毎年慰霊で沖縄に行っていることがわかった。このことから、この会に連絡すれば、衣川さんに関する情報を得ることができる可能性があるのではないか、何らかの手掛かりを入手できるのではないかと思い、「沖縄・京都の塔奉賛会」にコンタクトを取ってみた。すると代表者の方から坂田さんという方を紹介していただいた。そこで坂田さんに連絡を取り、坂田さんの父、坂田文夫さんが沖縄で戦死しており、衣川さんとは大隊まで一緒だったことがわかった。坂田さんの話によると、衣川さんは福知山連隊に所属していた可能性が高いのではないかということだった。

そのようななかで並行して京都市遺族会に連絡を取ってみたが、市全体を管轄としているため、個人の特定はできないということであった。また図書館を管理している京都府教育委員会にも連絡をしたが、何の手掛かりもつかめなかった。他方、京都府庁にも連絡をしてみたところ、京都府内の軍人会を教えてくれた。それが「財団法人京都府遺族会」（戦死者の遺族が中心で、会員数は約二万五千名）、「京都府傷痍軍人会遺族会」（戦傷などで生還した人々の会で会員数は約五百名）、「京都府軍恩連盟」（恩給をもらっている人々の会で会員数は不明、わずかだと思われる）であった。しかし、やはりどの団体に問い合わせてみても、個人の特定は難しいということであった。結局それ以上何の手掛かりもつかむことはできなかった。一方で碑がある沖縄の沖縄県庁と沖縄平和祈念財団にも問い合わせてみたが、結果は同様であった。何をしても裏目に出てしまうことに私たちは絶望さえ感じ、衣川書簡の調査そのものの限界を感じざるを得なかった。

富山から兵庫へ

二〇〇六年一二月、約一年ぶりに富田さんに手紙を送り、現在の進行状況の報告と再調査の協力をお願いした（富田さんとの連絡が途絶えているとのことなので、もしかしたら衣川書簡の件で、何かちょっとしたことを思い出したかもしれないと言って、新井教授が再度手紙を出すことを提案した）。その結果、ずいぶんと昔のことなので正確にはわからないものの、記憶をたどってみると、親戚や友達が誰一人福知山という所にはいないはずなのに、この地名に聞き覚えがあること、昔、京都から松江へ向かう途中で、ここが衣川さんの故郷かと思ったことがあるということを思い出してくれた。このことからまだ確定はできないが、やはり衣川さんは京都出身で福知山市に住んでいた可能性が高いのではと思われた。

しかし、依然として「京都であるらしい」という推測から、「京都である」という確証になかなか行けぬままである。そんな折、偶然にも坂田さんから、少し古いものの京都府福知山市の衣川姓の載った電話帳の写しをいただくことができた。そこで、この名簿を足がかりにして、衣川姓一人ひとりに電話連絡を取り、確認していくという強硬作戦を考えた。その名簿には約四百件の衣川姓があったので、効率の面からみても、この作業は根気が必要で困難を要するだろうと思われたが、ともかく二〇〇七年二月初旬から電話による調査を開始した。途中で有力情報を知っているかもしれない人に何度か出会うことができたが、どれも人違いであった。実際にやってみると、やはり電話による調査は非常に大変なものであった。それでも私たちはあきらめずに続けた。

そして作業開始から約一ヶ月後の三月初旬、ついに衣川賢太郎さんに直接つながる情報を知る方と出会うことができた。これは二年以上にわたり衣川書簡を調査していた私たちにとって、何物にも代えがたいうれしいニュースだった。その方によれば、「賢太郎さんは復員して兵庫県に養子に行き、すでに亡くなっている」、また「養子先で姓が古川に変わり、息子の春馬さんは健在である」ということだった。そしてさらに、ついにその方から衣川さんの連絡先までも教えていただくことができた。この一連の急展開は、まるで夢のようにさえ感じた。この作業を始めた当初はまさかここまでたどり着くとは思ってもいなかったし、想像もできない遠いゴールだったのだ。

こうして興奮冷めやらぬまま、息子さんの春馬さんに連絡をすることができた。そのときは、春馬さんは留守だったので、息子さんが電話口に出られた。事細かに今までの経緯や賢太郎さんを捜してきたことを説明したが、「父から戦争のことを言わないように言われている」という返事だった。これを聞いて、全く見も知らない私たちが話を伺うことは無理なのかもしれないという不安が頭をよぎった。そんな不安を抱えながら、後日再び電話をしてついに春馬さんと話をすることができた。

すると「父は三年前に亡くなった……、協力しますよ」という快い返事をしてくださった。電話先での会話だったものの、私たちが調べてきた情報は正しいものだということが改めて確認できた。その後、春馬さんと何度か手紙のやりとりをした。こちらからは衣川賢太郎さんが富田賢子さんに宛てた軍事郵便のコピー数通などを送り、春馬さんからは『みいくさ（御戦）』という短編の詩集をいただいた。この詩集は賢太郎さんが亡くなる数年前に自身によって作られたもので、六四編の詩が載っている。そのなかには賢太郎さんが経験した戦争や自分の心境、心の叫びのようなものもある。賢太郎さんは沖縄戦に参加した兵士のなかでも、ごくわずかな復員兵であり、終戦後も約二年間捕虜であったという経験の持ち主であった。そのせいか戦争のことはあまり語らなかったという。しかし、歴史や自分が経験した戦争という辛い事実を風化したくはないという思いで詩を作り始めたのではないかという話だった。そしてこれらの詩を息子の春馬さんが冊子にしてまとめた。軍事郵便でもいくつかの詩を読むことができるが、検閲があるため、本当の自分の心境を表すことは難しかったであろう。

山川に　思うは廻《メグ》る　故郷《フルサト》の
友なつかしく　繰り返し読む
（慰問文をいただいて）

枕辺に　花咲き匂う　コスモスを
送れる人の　真心《マゴコロ》嬉し
（陸軍野戦病院にて）

日当たりて　ままごと遊びの　子供等の
炭や砂糖は　切符制なり

仲秋や　静けき朝の　露ふみて
青草をはむ　駒を見つめぬ

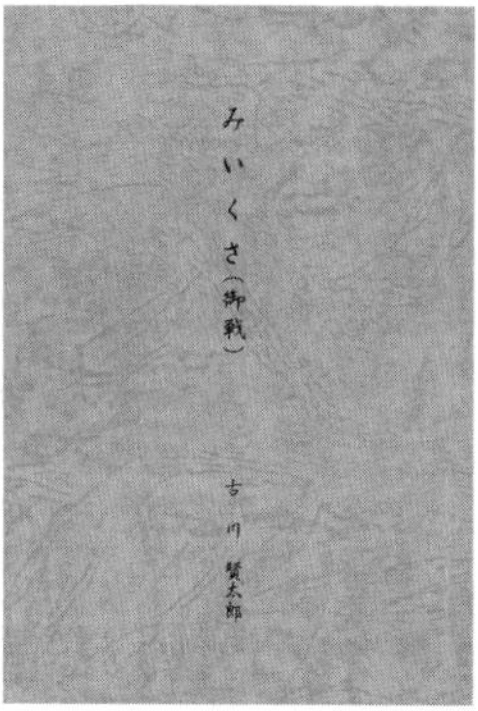

みいくさ（御戦）

みいくさは終りぬ　兵は鉾を収めて
じっと故郷の空を偲し仰ぎ　縫にし姿偲びぬ
聖戦の幾歳のあけくれ　ただ一筋に捧げたる
戦友《とも》の姿　尊き香りにみちてあらはなり
硝煙未ださめやらぬ廃墟　木の香もしるし墓標
秋雨にぬれて　大いなるみいくさのあと更に偲ばるる
戦の疲れも癒えて　人の動きとみにしげく
建設の芽ばえもみえて　鎚の音遠くするなり
我もたたんと兵士等は　笑顔と別れぬ
黒き顔太き腕　夕日に映え共にたのしい

『みいくさ（御戦）』の表紙と内容

しかしこの『みいくさ』には検閲はなく、また戦争を知らない世代がほとんどの世の中なので、自分の気持ちや葛藤をよりストレートに表現できたであろう。

このようなやりとりを通してはじめて、春馬さんが住む兵庫県朝来市のご自宅へ聞き取り調査をさせていただけることになった。

衣川賢太郎書簡

三月の声と共に寒さも薄らぎ、クリークの柳の小枝も黄ばんでまいりました。十五日迠出てゐまして、約一ケ月振りで〇〇舨って参りました。お供のお団子、今年も入隊内の大勢と戴きました。いつもお心に掛けて下さいまして心中感謝致してゐます。

昨年の秋は、当地では得難い磯の香に添へて、いろいろと有難うござゐました。会社宛にお礼のお手紙を出したのでしたが、お手もとに届かなかった事と存じます。品不足の内地よりいろんな物を戴きますのは、なんとなく心苦いうござゐます。今後はどうぞ御心配下さいません様に、当方より内地の皆様にお送り致したい様な品も、相当あるのですが、何分お許しがないものですから、致し方ありません。お送りしてゐただきました小包、みんな破損せずに届いてゐます。荷作りは厚紙の箱の中に袋に入れて作るのが、一番よい様に思はれます。

大東亜戦も愈々一年有余、喰か喰はれるかの境にあって、物の不足、不自由なんぞ問題ではなく、銃前、銃後共々に凡百の努力を傾け、あらゆる辛苦を乗り越へ勝たねばなりません。勝ことのみが大御心に添へ奉る唯一の道であります。

既に国家を挙げての総力戦である以上、任務の軽重はありません。我々は大東亜戦争の基地たる華北の地を死守し、戦を完遂せねばと日夜努力致してゐますが、戦線は曠漠無味であって、我々は人の情に飢えてゐます。百の物資、千の麗句よりも一つの心奥琴線に触るものこそ、何物にも譬え難い慰めであります。どうぞ今後も相変りませず、御支援下さいます様お願ひ致します。

討伐より皈りまして、いろいろと整理に忙しく、今日は唯お礼申上げるのみにて、又後日お便り致します。時候変化の甚しい折柄、お体大切にお暮し下さいます様

早々

三月十六日　　衣川賢太郎

富田様

コラム⑥　新井ゼミで学んだこと

菊地太郎

現在、日本で暮らす二人に一人は、携帯電話を持っているといわれている。

「今、ドコにいるの？」

数回親指を動かせば、相手の居場所や状況がわかりうる時代である。だが、ほんの何年か前まではありえなかったことである。

私たち新井ゼミナールでは、戦地へ動員された一兵士が、内地にいる家族などに宛てて書いた郵便、いわゆる「軍事郵便」の解読に取り組んだ。当時は、検閲などで、書ける内容もかなり規制されていたことを考慮しなければいけないが、それでも一般の民衆の思いをうかがい知るには十分であった。

私が解読作業・調査に携わった衣川賢太郎書簡は、当時、現在の富山県に住んでいた一人の女性に宛てられたものが多数を占めていた。手紙には、近況や戦況、自作と思われる歌などが書かれ、写真などが同封されたものもあった。

解読を始めた当初は、二人の関係も、その後お互いにどうなったかなども、まったくわからないことだらけであった。そこで私たちは、研究をより深めるために調査隊を立ち上げ、富山県まで調査に出かけた。その際、事前に富山県庁や手紙の宛先にあった市の市役所に連絡をとり、協力を要請していたおかげで、スムーズに調査を行うことができた。

調査の結果、手紙の受取人である女性はご健在であり、直接お会いしてお話も聞くことができた。また、差出人の男性も日本に戻ってきていたこともわかった。調査の具体的な内容についてはここでは省くが、「人やモノとの〝出逢い〟という奇跡」や、「今どんなに、ツラい、しんどいと思っていても、自分より大変な人はたくさんいる」ということなど、さまざまなことを学ぶことができた。

机の上に本を広げ、それを読むだけが勉強ではない。自分の足で、目で、身体全体で感じて初めて身に付くことがあるのだと、大切なことを教えてもらった。そんな新井ゼミに、新井教授に、ただただ感謝している。

コラム⑦　軍事郵便の現地調査から学んだもの——就職活動にも活きる　中島隆太

私は、二〇〇七年三月に専修大学を卒業し、四月から社会人として働いている。卒業論文では、墨田区というフィールドに注目し、現地調査を柱とした論文をまとめたが、自分の納得する内容が書けたことに満足している。その背景には、ゼミ全体で取り組んできた軍事郵便に関する調査の存在がある。

二〇〇五年の秋、衣川賢太郎書簡に記載されている富山県の密蔵寺を求めて、現地調査に行った。役所の方に案内されて、密蔵寺に到着したとき、これまで読んできた手紙に書かれた住所に立っていると思うと、それだけで興奮した。さらに、宛名にあった富田賢子さんご本人と対談することができたが、予想していなかった出来事に舞い上がってしまい、質問内容を何も準備することなく、当時の心境などを聞いた。対談後、新井教授や他のゼミ生に良い報告ができることに喜びを感じながら帰宅した。ただ、後になっていろいろと質問したいことが浮かび上がり、何の準備もしていなかったことを悔やんだ。ゼミ室でただ文字を解読し、何が起きていたのかを考えていたのでは真実は見えてこない。現地調査の重要性と面白さは、ゼミで軍事郵便について学んでいなかったら、理解できなかっただろう。

この経験は、前述したように卒業論文でも活かすことができた。空襲体験者と対談する際に、多くの質問事項を用意して対談に臨んだ結果、自分の満足する論文を書くことができたのである。

また、就職活動でも富山現地調査の経験を話した。自分で考え行動した結果、予想もしていなかったことを知ることができ、大変有意義だったことを、身振り手振り交えながらアピールした。その結果、現地調査の行動力を評価してくださったのかわからないが、内定をもらうことができた。この経験がなければ、就職はおろか卒業論文も納得するものが書けなかったと思う。

第五章　ご子息・古川春馬さんとの出会い

前述のような経過をたどり、私たちは二〇〇七年六月三〇日から七月一日にかけて、聞き取り調査をするために、はるばる兵庫県まで足を延ばした。メンバーは、新井教授を筆頭に、四年生の代表の三名の計四名で実施した。春馬さんは現在、兵庫県朝来市にお住まいで市役所職員として働いておられる。春馬さんには年の離れた兄がいるものの、春馬さんが結局、古川家に残り、賢太郎さんが長い生涯を遂げるまでそのそばで見届けたわけである。

ここでは春馬さんと私たちがどのような会話をしたのかを記載する。参加者は以下のとおりである。

古川家——古川春馬さん　奥さま

訪問者——専修大学　新井勝紘（教授）　ゼミ生・市村基裕　青沼大輔　野村健一郎

日時と場所――二〇〇七年六月三〇日　午後二時～　兵庫県朝来市の古川邸にて

衣川姓の探索と電話作戦

古川　あの頃は戦争の判断や評価はなかなかできない時代でした。そんな中で勉強してもいませんでした。しかし、それでも父親が軍にいたことは、小さい頃から知っていました。市村さん（ゼミ生）から送られてきた資料にも書いてあったのを見たのですが、父親に戦争のことを聞くのが可哀想な感じがしてなりませんでした。男同士いろいろあったものですから、父親には戦争の話は一切聞いていません。お話しすることは、多分学生の皆さんのほうが詳しいと思います。（戦後世代の）私達は少々そういった方面には疎いところがあるんです。特に文字も、今の日本人にはなかなか読みづらいし理解しづらいし、それと、時代背景がわからない等々の事情もあり、『みいくさ』を作ったのはいいんですが、全然理解できていないのが現実です。

新井　四〇通の手紙を読んだんですけど、出された方と受け取っていた方の関係は私達からしてみれば、当然わからないわけです。そこで、どういう人がどういった

古川春馬さんの自宅にて（2007年６月30日・兵庫県朝来市）
右から古川さん・ゼミ生の青沼・市村・野村

状況の中で出したのか、というのがもしわかればいいなあということで、この研究をしているわけです。私のゼミでは、たまたま以前にもそういった成果を残していまして、神奈川県川崎市の方のお手紙なんですが、ビルマのインパール作戦で戦死した兵士さんです。その方の御家族を捜してお話を聞いたり、御墓参りをしたりしたこともあるものですから、今度の学年のゼミ生達も「じゃあ、自分達も少しやってみよう」ということで、ちょっと僕のほうからけしかけて取り組んだのがきっかけなんです。そして、まず宛先の住所が判明したのが、この「富田賢子」さんと書いてある手紙でして、全部が「賢子」さん宛てのものなんですよ。

古川　富田賢子宛て以外にも何通か手紙があるわけですか。

市村　何通かありますが、賢太郎さんが出されたのは、賢子さん宛てのものしかありません。

古川　そしたら、他の手紙の差出人は。

新井　基本的には、富田賢子さんがお持ちであった軍事郵便が流れたわけなんです。その主なものが賢太郎さんが差出人で、それを賢子さんが受け取っていたわけです。

古川　他の手紙は、他の人から賢子さんのところに届いたものなんですか。

新井　そうです。しかし、衣川さんからのお手紙がほとんどです。

古川　そうですか。

新井　賢子さんが結婚された相手の方からも手紙が届いているんです。黒川さんという方と結婚されて、その方も戦地に行かれて同じように手紙が来ているのです。

古川　父親は何回ぐらい出しているんでしょうか。

青沼　私たちが整理させて頂いたのが四〇通です。これが富田さん宛てに出されてい

た手紙になります。（「衣川書簡」を示しながら）

古川　そうですか。私達は富山県にそういう知り合いの方がいるという話は一切聞いたことが無いですし、父親が富山県と関わりがあるということも聞いたことが無いんです。そして、これ（冊子『みいくさ』を指しながら）を見てもらったらわかるんですけど、父親は舞鶴に長いことといたようなんです。長いことと言っても五年くらいだと思います。その間に関東のほうの横須賀にある訓練所のようなところに、現在でいうと、研修に行っては帰りという生活をしていたのではないかと思います。

新井　それで、賢子さんの富山の自宅まで私のゼミの学生が尋ねたんですよ。そしたら賢子さんは、「黒川」という姓に変わっていらして、御主人はすでにお亡くなりになっていたんですが、賢子さんは御健在でいらしたんです。

古川　そうなんですか。

新井　そこで、衣川さんのお話をお聞きしたりしたんです。こうした調査でようやく輪郭がわかりかけてきたんですが、衣川さんのことがまったくわかっていないということで、賢子さんに記憶をたどってもらったんです。しかし、賢子さんは、ほとんど（手紙をやりとりした）記憶を忘れてしまっておられました。衣川さんがどこの人なのかも思い出せないし、戦争から帰ってきてから一度も会ってない。その後、どうされたのかはわからないということだったんです。それで、一旦は諦めかけたんですが、もう一度賢子さんに思い出して頂けないかお手紙を差し上げたのです。賢子さんも学生達に会われてから以後気になって、記憶をたどってくれたんでしょう。「福知山」という言葉を葉書の中にあったのを思い出して下さったんです。特に印象が強かったようです。そして、ご本人が思い出して下さった「福知山」という言葉を有力な情報として、それを頼りに今日こうして衣川さんのご自宅までたどり着いたということなんです。ここまで来るのに、市村君と野村君が沢山の人に電話をかけたんですよ。

市村　そうなんです。「福知山」という言葉がきっかけで……。

野村　「福知山」という言葉と「京都」という二つのキーワードから、戦友会をたどっていって、インターネット等も使用して沖縄戦の「石部隊」の戦友会を見つけて、そこの遺族会に電話をかけました。そしたら、「石部隊」では生き残りの方がいらして、「当時の事情を知っているので連絡を取ってみて欲しい」と案内されたんです。その人は福知山に住んでいらして、連絡を取ったら、福知山のタウンページの衣川姓のページをファックスで送ってくれたんです。そして、衣川さんのお名前を追って電話をかけまくったんです。

古川　衣川姓は福知山ではすごい多いですよね。

野村　そうですね、かなり多かったです。

古川　特に福知山市は合併して現在の形になったんですけども、夜久野《やくの》町に衣川姓がすごい多いんですね。

市村　まず二人で分担して衣川姓の方に掛けました。全体で四百位あったんです。半分くらい電話を掛けたところ、ある衣川さんに「森田やすこ」さんに電話すれば何か知っているのではないかと言われて、森田やすこさんにお電話差し上げたところ、春馬さんを紹介して頂いたんです。

新井　森田やすこさんとはお知り合いなんですか。

古川　私のいとこになると思います。ただ、父親の里のほうは、その兄が跡を継いでいたみたいですね。息子が二人おりまして、長男のほうが早くに亡くなったみたいなんです。そして、次男を家に戻しかけたんです。その後、体を悪くしまして、今は入院しているんですよ。父親の兄たちにも何人か子供がおりまして、森田やすこさんは、父の兄の娘にあたります。結婚して大阪のほうに出て行かれたんですけど、跡を継ぐ者がいなくなってしまうということで御主人と大阪から帰ってこられたんですよ。一回、地元から出られたので、いとこだといっても顔も知らなかったんです。というのは、私自身が父親の四五歳の時の息子で、いとこの中で一番下なんです。一番上のいとこなんて私の親ぐらいになられている方ばっかりなんです。正直言ってよく知らないんですね。親戚の法事などに行った時にお会いする程度です。というわけで、お付き合い自体はそうそう深いわけではないんです。

二人の関係と検閲印

新井　でも、その森田さんから貴重な情報を得たことをきっかけに、富田さんのところにも取材に行けたんだから、衣川さんのほうにも一度はということで、なかば強引に押しかけきたわけなんです。ところで、私達がこの書簡を読んできた感想から言えば、最初のお二人の出会いはよく存じませんが、私が判断した限りでは、当然帰国したらお会いしているんじゃないかと思っていました。大変失礼な話をすると、お二人は結婚しているのではないかと思うくらい親しげな内容の手紙だったんです。ところが、富田さんにお会いしたら、そうではなかったんです。手紙のやりとりの途中に、「黒川」さんという方とご結婚されたことを賢太郎さんに報告していて、賢太郎さん自身もお祝いのメッセージを送られているようなんです。

古川　うーん……。おそらく、現在で言うラブレターみたいなものでは無かったと思います。というのも、父は、私の母とは戸籍上初婚となっていました。なれそめは詳しく聞いてません。父が復員してきたのは、沖縄から帰ってきた三三～三四歳位だったと思います。結婚もしないはずの歳でもないのではないかと思います。それらしき女性がいたとも思いますし、漏れ聞くところによると、いたという話も聞いております。ただ、その方が富山の方なんて話は聞いたことも無いですし、まったく知りませんね。

新井　それで……、中国か沖縄からかはよくわかりませんけれども、賢子さんにこれを渡して欲しいとおっしゃっていたんです。（賢子さんのところに残されていた硯の写真を指しながら）中国で自分で手に入れた立派な硯を、賢太郎さんが直接持ってきたのではなくて、友達を介して送っていらっしゃるんです。その硯は現在、賢子さんが大事に保管されています。賢子さんから聞いた話です。

古川　この冊子（『みいくさ』）を読むと、中国から直接沖縄に渡ったという書き方をしていますので、私も人を介して本国に送ったのではないかと思っています。この机に広げてある資料も、ほとんどが中国のものばかりで、沖縄のものはほとんど無いです。

新井　私自身、沖縄と聞いて衝撃を感じました。たくさんの歌を残されていますけど、あの厳しい沖縄戦を体験なさっていることを考えると、本人にとっての戦争体験は相当なものだったんだろうと思うわけです。やはり、強烈な印象として残っているのでしょう。その前の中国では、ある意味では牧歌的な文通ができた時代だったんでしょうね。

古川　そうですね。この歌を読んでみても、戦争の状況がわかるんですよね。順番はバラバラだったんですけど、おそらくこの辺りかもしれないという予測のもと、戦争が厳しくなっていく状況がなんとなくですがわかるんです。それで、慰問文

検閲にも使われていた印

の歌も詠まれていましたので、その歌の中にこ・・の方とのやりとりも含まれていたのかとは思います。

新井　まあ、戦地ではそういったものが故郷と自分とを結ぶ唯一の連絡手段だったものですから、軍事郵便とは非常に私的なものなのですけど、私は歴史的価値のあるものだと認識しています。そして、検閲もありなかなか思い通りには書けないのですけど、だからといって、つまらない内容ではないんですよね。それなりに読み込むことができて、兵士がどんな経験をしたのか、どんなことを思っていたのか、どんな境遇を経てこの戦争に来ているのかということを、ちょうど今学生と一緒にゼミで行っている最中なんです。その中の一つの事例として、衣川書簡も取り扱っているわけです。

古川　ちょっとお聞きしたいんですけれど、この葉書の検閲は自分でしているという意味なんですかね。

新井　ええ、その検閲印に「衣川」と押してあるところは、おそらく自分でしていると思います。

古川　自分で書いたものを自分で検閲したということですね。

新井　それは、非常に例は少ないです。基本的には違う人がやっています。

古川　そうでしょうね。（机上の衣川書簡を指しながら）実は、これらの葉書に押されている判子の一部ですけど、ここにあるのですよ。（判子を取り出す）

一同　えっ。（驚く）

古川　私はこれだと聞いておるんですよ。形はかなり変わってしまっているけど、この検閲の判子を削って作ったと私は聞いておるんです。

新井　私に言わせると、こういったものは、学生達にとってみれば格好の史料になります。

古川　それで、何でそんな形になってしまったかというと、父親が亡くなる前に、（賢太郎さん自身の）実印として使っていたものです。削っておそらく実印にしたんだと思うんです。それで、その判子を銀行に持っていった時にポロッと床に落としたみたいで、それで一部欠けてしまったんですけど、一応大事にとっておこうと思ったので、こうして残っておるんです。おそらくここからここまであったものと推測できるんです。それをこれだけ削って実印にしたと思うんです。

賢子さんの出産と賢太郎さんの独身のなぞ

新井　う〜ん……、ちょっと驚きました。まあ、私どもの経過はそういうことでして、なんとか手紙を読み込んだところまでいって、今日ここで古川さんとお会いできたことで、それなりにこの手紙の全貌がつかめたかなと思っているんです。しかしまだ、学生達の間ではいくつか疑問に残っていることがありますので、質問させて下さい。

古川　そうですか、私がちゃんと答えられるかどうか……。

新井　先程の初婚の話も疑問に挙がったんですよ。賢子さんが結婚された時に、手紙で自分の事に関しても多少触れています。

青沼　それで、ご覧頂きたいのがこちらの解読文です。賢子さんからお子さんが生まれたという報告がありまして、その報告を受けて賢太郎さんは、自分のほうはまだそんな状態ではないという内容が書かれているんです。

新井　これは一体どういうことかなあと思ったんです。賢太郎さんは独身ではないのかと思っていたものですから。

古川　いや、おそらく、戸籍上は（結婚）していなかったんでしょうけども、そういう人がいたということは、僕もうすうす聞いてはおりました。ただ、別れてます。何故かはわからないけれども、別れていたことは確かですね。

新井　賢太郎さんが沖縄戦に行ったとすれば、（戦地へ）随分長く行っていたことになります。そうすると、戦地に赴く前にできた人だったんですかね。

古川　そこらへんは、私もはっきりしたことは言えませんね。

新井　（「衣川書簡」を読み上げる）「去る日お目出度く女のお子お生れの由お祝い申上げます。御主人もさぞかし戦地で御喜びのことゝ存じます。私どもにはまだそんな徴候はないらしくなんとも申してゐません」。まあ、この一文が疑問として残っていましてね。賢子さんのことは理解できるとしても、自分のことをこういうふうに述べているというのは少々理解しがたいなあと思うんです。

古川　実は、私もそこらへんのことが心配で、たいした財産があったわけではないんですけど、亡くなってから相続をする時に心配だったもので、もしそういう人がいらっしゃったら、父が亡くなったという話をしに行かなければとも思ってましたし、遺産のこともありますから、あちらこちら訪ねてみたのですが、そのようなことは無かったんじゃないかという感じでしたね。というのも、私が父の最後の子供で昭和三一年生まれなんですね。そして、私には姉と兄がおります。兄のほうにも聞いてみたことがあるんですけども、具体的な話は何も知らなかったようです。兄は、私より七つ上なんですがね。

新井　となると、沖縄戦から帰られて結婚されたということになりますよね。

古川　そうです。沖縄戦でも何ヶ月かはジャングルの中を逃げ回っていたと思います。『みいくさ』をご覧になってわかるように。その後、復員してこっちに戻ってきたんです。正直、それ以前の過去の体験は誰も聞いてあげたくなかったというのが本音だと思います。

新井　賢太郎さんは元々は、どこの出身の方なんですか。

古川　現在は福知山市なんですけど、元は、京都府天田郡夜久野町なんです。現在、森田やすこさんが住んでおられる所なんです。そこが実家になります。

新井　そうすると、お墓は現在どこにあるんですか。

古川　お墓はもちろん、この地（朝来市）にあります。私もよくわからないんですけど、結婚してから何で勤めに出なかったのかと思いましてね。まあ、そこそこの字も書けるし、文章もしっかりしているから、公務員という形で勤めに出てもまったく違和感は無かったと思うんです。ですから、何でそうしなかったのかと思っていまして、実は、亡くなる前に少し聞いたことがあるんです。〝何で勤めに出なかったのか〟って。そうしたら、〝嫌やったんやあ〟と、その一言だったんです。おそらく戦争からここに戻ってきて隠遁生活を送りたかったのではないかと思うんです。言ってみれば、戦争に行くことで軍によって洗脳されていたわけなんです。復員してみたら、思ってもないような社会環境になっていた。それに順応できなかったわけじゃなく、おそらく憤りを感じたんでしょうね。憤りを感じてもう嫌だと思ったんではないかと思っているんです。

新井　ここでは農業をされていたんですね。

古川　そうです。農業だけで我々四人の子供を大きくしてくれました。はっきり言って今の日本人ではなかったです。父は、「鉄の意志」を持っておりました。まあ、頑固という意味ではないんですけどね。

軍刀を振りかざした一枚の写真

新井　あのう、手紙の中に一枚、軍刀を振りかざした写真がありましてね。
野村　ちょうど、刀を持って振りかざしている写真が入っていたお手紙があるんです。
新井　〝何を斬ろうとしているかは想像にお任せします〟という内容なんです。
市村　『みいくさ』の中にも刀を振りかざした写真がありましたけど、その時に送られてきた手紙ではないかと思われるんです。
新井　あと、写真に興味があって、本人も随分凝っていたようで、そういった技術も学んでいたらしい。〝自分でも少しやっているんだ〟という記述は手紙の中にもよく出てくるんです。
古川　いや、そんな技術はなかったと思います。ただ、軍にいた頃はいろんな研修をしておったと思うんです。というのは、父は、小学校しか卒業してないんでね、当時の小学校しか。なので、短歌や俳句は小学校しか出ていない人間にはかなりむずかしいと思うんです。

新井　でも、中国からの手紙の中には写真が結構ありましたよ。

古川　軍なんて暇だったんでしょうから、そういった教育を受けんたんじゃないでしょうか。

新井　そういう意味では、沖縄戦に関する歌や詩も沢山出てきていますから、歌心がおありの方だったのではないかと私は感じたんです。思いがこもっているなあと感じながら読ませて頂いたのです。

古川　まあ、嫌いじゃなかったと思いますね。ただ、こういった歌を作るのは、軍での教育というか、学校教育だけでできるものではないと思います。それから、横須賀のサーチライトの学校に行っておったという話がありましたけど、そういった研修の中で勉強してきたものなのかなとも思うんです。先程軍刀を振りかざしている写真の話がありましたが、その軍刀入れがあるんです。いまは軍刀自体は全て没収されてしまってないんですが。（「軍刀入れ」を机上に置いて）これね、チャイナ服で作ったもののようです。まあ、だいぶ使い込んでいたのかなあと思

衣川さんの手紙に同封されていた写真

います。ところどころ破れているところも見受けられますから。

新井　そうすると、これらは戦争から帰る時に持ってきたものということですね。

古川　はい。ですから、軍事郵便の類ではないんですけど、復員して持って帰ってきたものは沢山あります。私の小さい頃は、あちこちにそういったものがありました。例えば、銀の懐中時計とか、毛布とか。それから、ここに移ってきた頃には長靴がありました。さらには、兎の毛で作った防寒帽とか、中身は全部毛なんです。外側はカーキ色なんです。あと水筒なんかも最近まで残っていました。父親が亡くなった時に処分しましたけど。軍で作ったものは何故かすっごい長持ちするみたいなんです。ステンレス製のバケツもあります。今でも倉庫に眠っています。思うに、給食バケツかなんかだったと思うんです。食事を入れるものだったのかなあと思います。まあ、何十年経っても変わらずにあるので、軍のものはすごいなあと思っておったんです。

沖縄戦参加の衝撃とＰＴＳＤ

新井　軍事郵便というのは、自分が死ぬとわかっていても、思いが沢山つまっているので、賢太郎さんと賢子さんのやりとりも読み込んでいくと、それなりに戦争観みたいなものが読み取れるのではないかと思っています。ましてや、賢太郎さんが沖縄戦に行って、最後は捕虜になり、すぐには帰ってこられなかったわけですから、そういう経験をされたことにも衝撃を受けました。そうすると賢太郎さんは、中国戦線もさることながら、最後の沖縄戦まで経験されて、たまたま生きて帰ってこれた数少ないうちの一人になると思うんです。そういった意味でも、戦争との繋がりは戦後もずっと引きずっておられたのかなあと思うんです。

古川　おそらくそれは長く引きずっておったと思うんです。私の勝手な思いかもしれませんけど、父親は今で言う「ＰＴＳＤ」ともいえる精神的な障害が残っておったんでしょう。兄が家を離れましたので、次男の私がここに残ったということなのです。

新井　おそらくそれくらいの衝撃は受けているはずですね。メンタルな意味でも大きなものだったんでしょう。だからこそ、戦後どうやって、その衝撃を癒しながら生きていくのか、目の前で亡くなっていった戦友たちもさることながら、戦後生き残った人達にもそういった辛いものがあったのだろうと思います。なかなかその辺までは読み取れないけれども、戦争というものを考える場合には、やはりそこまで深く考えないといけないと思っているんです。

古川　この本（『みいくさ』）の中にもあるけれども、戦争で死んだ部下の母親に、どうやって亡くなったことを報告すればいいのか、といった内容の詩も残されています。そういうことに思い悩んでいた時期もあったと思います。それと、

〝思ふだに　悲しき島の戦いを　如何に語らん　国の人等に〟

といった詩も残していますので、そういう思いもまたあったんだなあと思います。

言おうとしても言えなかったし、言えるチャンスも無かったということなんじゃないかと思います。さらに、もう一つお伝えしたいことがあるんです。

古川さんの奥様　実は、お祖父さん（賢太郎さんのこと）が亡くなる少し前に、戦争の夢を見たと言っていたんです。

古川　そうそう。最後は父親も腎臓が悪くなってしまい亡くなったんですけれども、亡くなる前まで頭はしっかりしていました。体はどうにもならなかったみたいですけれども。その、病院のベッドから起きて部下を探しにいったみたいなんです。亡くなる二、三日前のことです。

新井　何か亡霊のように現れたんでしょうね。

古川　そうですね。ただ、私達にはそんなことはいっさい言わないんですよ。看護婦さんから聞いて、「昨日お父さん、夜にベッドから下りてウロウロ徘徊していましたよ」って。そして、理由を尋ねたら、「(亡くなった戦友達を）探しにいっていたみたいで」と教えてくれたんです。後で、その一件について僕が父親に聞くと、「そんなつもりもなかったけど、歩き回っておったみたいや」と言っておりました。というのも、テレビ画面が二つあるようなものです。昔の思い出と今が混在して。それから、二、三日後に亡くなってしまいました。

新井　そうだったんですか。

古川　あともう一つ、中国戦線にいた頃の手紙と同時期のものと思うんですけど、掛軸があるんです。父親の法事などには掛けるようにしています。それでね、「衣川先生へ」と書かれているんです。まあ、中国人は誰それ構わず先生と呼んでいたみたいなので、良いものかどうかちょっとわからないんですけど、父が持って帰ったものなので保管してあります。聞くところによると、パイナップルの缶詰幾つかと交換したみたいですね。

新井　そうするとこれは、沖縄戦に持っていったんですか。

古川　いえ、違うと思います。こっち（内地）に送ってきたものだと思います。ですから、ほとんどのものを沖縄に行く前にこちらに送っといて、身一つで沖縄へ渡っていったんだと思います。まあ、覚悟は中国に行く前にできていたんだと思いますが。

野村　もう日本を出る時には、ということですね。

古川　そうです。

新井　なかなか良い絵ですね。花の話はよく手紙の中に出てきてまして、牡丹の話もあり、花はしょっちゅう出てくるんです。中国ではこんな花が咲いているとか、内地では、こんな花が咲いているだろうとか。

古川　われわれ、または私みたいにドライに考える人ではなかったんじゃないでしょうか。

九二歳で亡くなる前に回想録を書く

新井　ちなみに、おいくつで亡くなられたんですか。

古川　九二歳です。そこまで生きるなんて見当もつきませんでしたけど、ここ(朝来)に来た頃は、よく熱を出していました。

新井　私の父も大正二年の生まれで、九二歳で数年前に亡くなりました。戦争には二回行ったんですけど、父の遺品を整理していたら、我が家からも軍事郵便が出てきたんです。見てみたら、戦争に行く前に私の母と結婚の約束をしていたらしいんです。許嫁のような母の慰問の手紙への返事が残っていました。七〇通ぐらいありました。それではじめて私は目を通してみたんです。結局、母が父に宛てた

古川　手紙はありませんでした。残っていたのは、父からもらった手紙を母が整理して残しておいたものです。賢太郎さんもそうなんでしょうね。賢子さんとやり取りしていたわけだから、もらった手紙もあったと思いますけど、中国戦線から沖縄へ行く途中に処分したのか、ともかく、手紙はご自宅にはないわけです。

新井　ないですね。家に手紙があると言えば、戦後の沖縄戦線で軍人恩給がもらえなかった人の署名をするというもので、沖縄から手紙が来るんですよ。それから、都民局（東京都の役所を指していると思われる）という所から、生前の動向を確認する手紙がきたりしていますね。

古川　そうですか。それから、『みいくさ』を作られましたね。それ、良かったらお見せしていただければと思っているんですけど。

新井　ありますよ。これですけど。というのはね、何回も原稿を書き直すんです。最後はこれになるんでしょうね。（原物を指しながら）

古川　やはり、（衰えは）少しずつ進行していったんでしょうか。

新井　そこらへんはどうかわかりません。ただ、これでは冊子にはできなかったので私が少し手を加えました。しかし、私が手を加えたんですけど、内容を理解してくれたのは兄です。私には理解できなくて、七年の差は大きかったです。

新井　いやあ、これは相当本人の思いがこもっていますね。

古川　これが歌集なんです。古川ではなくて衣川で書いてあるので、昔のものかなぁと思うんです。まあ、昭和一八年頃はのんびりしておったわけなんですが、沖縄戦でさあ行くぞと来たのでしょう。でも、援護がなくて。やはり家に帰りたいと思うようになって。歌も詩も変わってきます。で、捕虜の時は早く帰りたいという思いが見えますね。また、本来なら天皇陛下の為に死んでいかなければいけなかったのに、死にきれず捕虜になってしまったという忸怩たる思いがあったんでしょう。それでも最後には、故郷に帰りたいという思いがあったんでしょう。

新井　「身はたとえ　琉球の島に朽ちるとも　とどめ置かまし日本魂」。

野村　これは、例の吉田松陰の辞世の歌（「身はたとひ　武蔵の野辺に朽ちぬとも留め置かまし大和魂」）を模したのではないでしょうか。

新井　やはり、随分と教養のある方とお見受けするんですが。歌心をお持ちの方だなあと思いました。この歌なんかはきっと、手帳かなんかにメモしておいたものを後で思い出しながら書いたんでしょうか。それに、これにはちゃんと日付が入っ

左から古川さん・新井・青沼・野村・市村

ていますから、その日に詠んだものなんでしょうね。

古川　病院に入院していたような記述もあると思います。

新井　これは本当にいい資料です。やはり、これらは自分史のつもりでお書きになったんでしょうかね。

古川　いや、そうじゃないようです。これ（『みいくさ』）にも書いてあるんですけど、「この回想録は、入隊から戦中・戦後にかけて認《シタタ》めておいた手記をもとに、平成一一年（満八七歳）の冬から春にかけて一冊の小冊子にまとめるべく整理したものです。私個人の戦記ではなく、日本の最後の決戦場であった沖縄戦での記録です。

日本が再び立ち上がることが出来ないような悲惨な戦禍でありました。私が歩んだ足跡の中でも特に沖縄決戦では、兵士は当然の事、軍事に全く関係のない全島民を巻き込んでの戦闘でありました。現代の人々の想像を絶する壮絶で悲壮な戦いであり、このことを記憶に留める人も少なくなってきた今、私はこの回想録が今後の何かの指標になればと思い書き綴りました」とあります。自分の伝記ということではなく、悲惨であったこともう一つは、戦後処理。それについてもやっぱり何かしらの不満があったんじゃないかと思います。復員した後、隠れるようにして帰ってきた時に、日本の国民が冷たかったというところがあったんでしょう。あと、写真がもっともっとたくさんあったんですよ。ただ、私は知らなかったんですけれども、兄に聞くと、東京オリンピックの年にたくさん焼いたみたいなんです。

新井　これは本人にとってみたら、かなり思い入れのある写真なんでしょう。

古川　まあ、南京大虐殺などいろいろありますけれども、いろんなことをやっている中で憎しみあっていたら、こんな掛軸書いたりしてもらえませんからね。こっちにもアルバムがあるんですけど、これはね、舞鶴にいた頃のアルバムだと思います。遺品というとこれですね。これの賞状というのがあれなんです。

青沼　（「瑞宝章」を目の前にして）きれいですね。

古川　なんか僕にはようわからんのですけど、残っているんです。あとですね、先程戦友会の話があったと思うんですけれども、父はあまり戦友会には行っていない感じでした。ただ、名簿は何冊かは持ってました。あと、こんなものも大事にしておったようです。「勅諭」っていうんですか。軍人さんの心構えを記したものなんでしょうね。

新井　賢太郎さんの場合には、沖縄戦もあったことですし、辛いことも相当あったんじゃないでしょうか。

古川　ただ、私らには何も言いませんでした。語りませんでしたね。

新井　戦争というものはこんなものだよ、というようなお話はありませんでしたか。

古川　もう、全然。

新井　軍歌は歌われましたか。

古川　それも歌いません。何も軍については言いませんでした。

新井　私の親父なんか、酔っ払うとね、必ず軍歌歌ってました。だからもう、なんであんなに軍歌ばっかり歌うんだろうと思う時もありましたね。人によっても随分戦争の受け止め方も違うんだなと思ったんです。

古川　特に、私のとこなんかは、事務系だったんじゃないかと思います。兵士というよりは、当初は、内勤だったと思うんですが、途中からそういうことになってしまったと思うんですけど。

青沼　それはですね、この軍事郵便に記述されているんですけど、手紙の点検をした後に、どこそこの兵隊さんはどこに配置するだとか、この人はどこに帰すだとか、その仕事が終わった後に、富田さんの手紙で何を書こうだとかいう手紙があるんです。

古川　なるほど。確かに、そんなことは聞いたことがあるんです。事務の役柄やったことは聞いたことがありますね。

青沼　他にも、経理係で書類の整理が……なんていう記述が、ちょくちょく見受けられますね。

古川　あの、私は直接聞いたわけじゃないんですよ。ここの近くのおじさんにおそらく話したんだと思います。もうお亡くなりになっていないんですけれども、そのおじさんから間接的に「お前の親父はこんな仕事をしていたんだ」という風に聞いて知ったぐらいで、僕には直接話したことはなかったですね。話をしておいたほうが良かったのかどうかは今となってはわからないんですけど、おそらく向いあってちゃんと話はできなかったと思うんです。なんとなくですけど。まあ、それにしても書きなれた字やなあと思うんです。すっと通ってますでしょ。書きなれてるなあと思ってね。

新井　文章も読みましたけど、初めて書くという感じではなくて、やっぱりそれまでもそういう機会があったんじゃないかという感じがしたんです。

古川　これ八七、八歳ぐらいで書いておるんですけれども、八十幾つの人の字にしてはしっかり書けているなと思ってね。力強い感じが出ているなあと。今はパソコンで字を書く時代ですけれども、時として字を書かないといけない時もあるわけで、歳を重ねてくると力強い字が書けなくなってくるものですよ。

新井　確かにしっかりした字ですね。

古川　ただ、この字は本当に亡くなる前です。字で衰えがわかってくるんですよ。八十八歳までは、御祝儀の封筒なんかもしっかりした字を書いてましたんで、自分らのも書いてとよく書いてもらったんです。ですけど、八八歳以降になってこんな（衰えた）字になってくると、やはり自分で書こうと思って私も書き始めたんです。

以上が、聞き取り調査の全容である。このような聞き取りを約二時間行った。やはりナマ史料を目の前にすると非常に興奮する。私たちゼミ生の執念の調査の賜物であると思った。実際に調査に参加した学生にとっては、一生忘れることのできない経験になった。また、参加できなかった人たちにとっても、ここまでの努力と結果に大きな達成感を感じたはずである。ゼミ生一同改めてフィールドワークの大切さを実感したのが、衣川書簡追跡の調査だった。

総括

私たち戦争を知らない世代が戦争を学ぶとき、それは過去に起こった単なる事実でしかないと感じることが多い。机に向かい、戦後に史実をまとめたものが記載されている教科書などを通してだけだと、当時の実態についてどの程度理解することができるだろうか。戦争のイメージを十分に湧き立てることが可能なのだろうかと疑問に思ってしまう。もちろん教科書を用いて学習することは大事である。しかし、実際に当時書かれたり、使われていた物を直接手にしながら学習したとき、その衝撃や感覚というものは、それとは異なり別の意味で大きい。

軍事郵便を歴史史料として扱っていいのかという議論もあるようだが、私たちは、軍事郵便は戦争当時に世の中に普通に出回っていたもの、「戦争時に存在していた」ものとして捉え、史料として価値があると考えてきた。私たち自身、軍事郵便を初めて手にしたとき、六〇年以上前の手紙、戦時中の手紙ということで、教科書などには書かれていない歴史を初めて目にしたような気がした。

内容を読み進めると、想像していたこととは違った。さまざまな残虐なことや戦争の実態が書かれていると思っていたが、多くの手紙には、家族の健康を気遣う言葉、故郷を懐かしく思う言葉、自分の派遣先（戦地）の文化を伝える文、家族にはできるだけ心配をかけないようにしている文が主な内容であった。これらのことからは、今も変わらぬ普遍的な感情を読み取ることができた。しかし、一方では、検閲制度があったことを忘れてはならない。プライベートな手紙にもかかわらず日本（軍）にとって不利となるような事実や軍事作戦などは機密事項にあたり、検閲によって墨塗りにされることが多かった。新聞にも検閲があったように、一兵士が書いた軍事郵便も自由な内容が認められていなかったのだ。このように考えると、軍事郵便はただの私信としてだけでは片付けられない。

そして私たちはその解読作業から、さらにフィールドワークを行った。一連の作業が功を奏して、やっとのことで実現できたという思いが強い。また、フィールドワークの意義やその大切さも改めて学ぶこととなった。まず、軍事郵便を読み調べ、イメージを湧き立てる。そして、それをさらに実証していくことがフィールドワークである。私たちは今回、差出人と受取人の両方からの聞き取り調査をすることができた。こうした地道な調査を足かけ二年間続けてきた私たちには、言葉では言い尽くせないほどの興奮と感動を覚えることができた。実際の話を直接の経験者の方から聞けるということは、自分の抱いたイメージをより明確な事実にもとづいた形にすることができるからだ。考えるだけではわからない、事実を知ることができるのである。

私たちはこの衣川書簡の調査を通じて、フィールドワークの醍醐味や大切さを実感できた。どんな些細なものにも歴史があり、机に向かうだけではわからないものにも歴史が隠されていることを忘れてはならないのではないかと思う。

今回の衣川書簡調査では、『みいくさ』という詩集の存在にたどり着けたことが大きい。想像を絶する過酷な沖縄戦でほとんどの戦友を亡くし、自分だけ生き残ってしまったという気持ちがあったのだろう。その一方で、彼らの分まで一生懸命に生きようとする気持ちもあっただろう。また、戦友に対してだけではなく、「静かに暮らしたかったんや」という賢太郎さんの言葉からは、社会全体に対して引け目を感じていたかのようにも思える。これらの葛藤や戦争に対してのトラウマは、賢太郎さんを死ぬまで苦しめていた。賢太郎さんが亡くなる数日前に、病院を徘徊し、戦友を探していたという話は非常に強い印象として残っている。亡くなる数年前から執筆を始めた『みいくさ』だが、これは賢太郎さん自身の心の叫びでもあったのだと思う。戦争を語りたがらなかった賢太郎さんだが、『みいくさ』を作ることで、戦友たちの存在を世に残し、彼らの存在を認めることで、自分自身の存在をも認められるようになりたかったのではないだろうか。そして、戦争を経験したものとして、後世のために自分ができること、それが『みいくさ』だったのではないだろうか。たった四〇通の軍事郵便からスタートした衣川書簡だが、そこから一人の人間の人生を少しでも垣間見ることができたような気がする。

コラム⑧　軍事郵便からの警告に耳をかたむけよう

渋谷雅美

「軍事郵便」といわれる、兵士が戦場から出した手紙や葉書。現代に生きる人びとは、戦時中に兵士が書いた手紙にどのような内容が書かれているか想像できるだろうか。遠い異国の地で、激しい戦闘の中で、戦場の兵士たちが祖国に宛てて何を手紙に記したか、想像することができるだろうか。

若い世代、戦争を体験したことのない世代の人びとからして、〝戦場〟という世界を頭の中だけで想像することは決してできないだろう。平和な日本の現代社会を生きている限り、一生理解することのできない世界だと思う。

軍事郵便という実物に触れる前は、想像もつかない別世界で生きていた人が書き残した手紙の内容を、簡単には理解できないのではないかという考えがあった。

じっさい、軍事郵便には、検閲という軍隊内での厳しい検査があったため、兵士の本音などは書けなかった。そのため、兵士の書く手紙の内容は、検閲にひっかからないために、国が喜びそうな美辞麗句を並べたもの、〝天皇のために〟〝お国のために〟〝命を捨てて戦う〟などといったもので、常套文句をインプットされたかのような内容にして手紙に書き記していたのではないかと考えていた。

さらに軍事郵便が多く残されている第二次世界大戦の時代は、暴走する日本の軍部が戦争を進行させ、兵士を含め日本に住む人びとが、天皇を神とする一種の洗脳状態に陥っていた。その戦争により、今では信じられないような被害を受け、また多くの危害も加えた。

戦時中、日本軍の兵士たちが、アジア各地で現地の人びとにさまざまな残虐行為を行っていたという記録は数多く残されている。その加害の経験を持つ、ある中国の戦場から帰還した元日本軍従軍兵の話を聞いたことがある。当時の戦場では、戦闘員ではないと思われる民間人に対して、略奪、強姦、殺戮が毎日のように行われていた。さらに日本軍兵士たちは、それらの残虐行為を目の当たりにしても、民間人に対して罪の意識はなく、当然のこととして行為を続けていたという。

人を殺しても何も思わない人間を、現代を生きる私たちは理解できない。そんな人間が生きていた時代も理解できない。

理解できない時代を生きた、理解できない人びとが書き残した手紙。その軍事郵便という現物の史料に、私は、自分が二〇歳になる年に初めて触れた。それは、二二歳で出征した一人の日本陸軍兵士の手紙だった。小泉博美書簡である。彼は、一九四一（昭和一六）年に召集令状が届き、軍へ召集されて出征した。その後間もなく東南アジア攻略のためビルマに赴き、一九四四（昭和一九）年に日本軍が発令した、インドからの連合軍の攻撃を封ずるためのインパール作戦に参加し、その戦闘によって戦死してしまった。享年二五歳だった。彼は、この約三年の従軍生活の間、ビルマから、日本の家族に宛てて数多くの軍事郵便を残した。日本陸軍兵士だった彼が残した、全八八通の手紙には、私でも、充分理解できる内容が書かれていた。

「長い間御無沙汰して、御心配をお掛けして申し訳ありません」。彼が家族に宛てて書く軍事郵便の始まりは、大抵この文句だった。家族が自分を心配していることを痛切に感じていたのだと思う。どの手紙の中にも内地の様子を気にし、また自らも家族を心配し、お体には気をつけてなどといった言葉をよく書いていた。彼がいた南方のビルマ戦線は、〝ビルマ地獄〟などと呼ばれるほど厳しい戦況だったといわれている。しかし手紙の中では、ビルマで見た珍しい植物や日本では見たことのない生き物など、南国の風景を伝え、戦場にいるとは思わせない様子が書かれている。それは国が喜びそうな言葉を選んで書かれた手紙ではなく、家族のために書かれた手紙だった。

戦争経験のない私たちは、戦時中に生きた人びとのことを、時代も政治も教育も全部が今とは違う、全く別の人間として切り離して考えてきた。戦争は過去に起こった歴史上の出来事でしかない。そして、悲惨な戦争の現実、事実を知る度に、戦争を理解できないこととして頭で片付けたくなるのではないだろうか。

しかし、軍事郵便を読んだことによって、今まで自分とは切り離して考えていた戦争を身近に感じられずにはいられなくなった。小泉書簡には、戦争に行っていた兵士も同じ人間だったということが、明確に記されていた。祖国の両親の健康を心配し、妹の成長を楽しみにし、自分が異国の地で感じとったことを伝えていた。私たちに充分理解できる感情を持って彼らは生きていた。

兵士たちが残した軍事郵便の内容は、今と時代の違いが明らかになるような、戦争を直に感じる暗いものではなく、家族を思う内容や親しみやすい文章で、そこから人間的な繋がりや温かさを読み取ることができる。そのことから、人間の本来の考え、気持ち、道徳心というようなものは時代が違っても変化するものではないということがわかってきたのである。

ただ、その時代を生きる人びとを取り巻く国の動き、政治の動きで人間が大きく変えられてしまう。軍事郵便を残した兵士たちは、戦争が起こっている時代に生まれたため、兵士にされてしまっただけだった。

軍事郵便は、たまたま戦争の時代に生まれ、兵士にされてしまっただけで、自分たちも全く同じ人間であり、若者なんだという、兵士の声のように感じる。そして切り離して考えるなと言っているのかもしれない。現代を生きる人びとが、戦争を昔のことと考え、関係ないと思っているとき、戦争が現代に起これば、今の若者たちは軍事郵便を残した兵士たちと同じように、簡単に日本軍兵士に変えられてしまうだろう。現代に残る軍事郵便の一通一通から、その内容が親しみやすいものであればあるほど、そのような警告が強く発せられているように感じる。

コラム⑨　朝来市和田山で得られたこと

野村健一郎

私が新井ゼミに入って間もなく、「衣川書簡」を読むことになった。その時はまさか自分が兵庫県に行って聞き取り調査をするに至るとは思いもしなかった。その貴重な体験の足がかりとなったのが、二〇〇五年一一月の衣川賢太郎氏の〝文通〟相手である、黒川賢（旧姓富田）さんが住む富山県射水市をゼミ生が訪ねたことである。

その後手紙の差し出し人、衣川賢太郎さんの追跡調査を始めることとなった。衣川さんの所在地の調査と並行して手紙本文の徹底的な解読を再度行った。解読したもの全てを集め、それらをもとに目録を作成し、手紙の時系列を特定しながら、賢太郎さんに関する情報も集めていった。

時系列を特定する上で最も手がかりとなったのが部隊名であった。全ての手紙に部隊名は書かれていた。「北支派遣山田（鉄）部隊井上（義）部隊小林隊」といった体裁である。北支は中国北部、最初の「山田（鉄）部隊」とは独立混成第六旅団長である山田鉄二郎の率いる部隊である。

部隊を追っている時は、まるで自分が探偵か何かの捜査官になったかのような気分がした。また私の祖父は終戦時、満州国軍官学校に在籍していた。この時の校長が実は山田鉄二郎氏だったのでこの偶然が私を殊更に夢中にさせた。ある時は、手紙の本文に「圓山」「嵐山」「東山」の京都の地名を見つけ、興奮のあまりに夜中の二時に、寝ているゼミ生を電話で起こしてまでその興奮を伝えたほどであった。

さまざまな過程を経て二〇〇七年六月三〇日、兵庫県朝来市和田山の古川家にて、衣川賢太郎さんのご子息、春馬さんとの会談を果たすことができた。

一番の衝撃は、賢太郎さんがあの沖縄戦を生き抜いたことであった。部隊を調べた結果、彼が所属していた石部隊（第六十二師団）は、最後沖縄で全滅していたのだ。もし賢太郎さんが生きて日本に帰ってきたのなら、おそらく沖縄には行かずに除隊していたか、部隊が変わったのだろうというのが当初の推測だった。だから改めて春馬さんの口から沖縄に行っていたことを聞いたときは、思わず体が震えた。賢太郎さんは部隊が壊滅した後も敗戦を知らず、沖縄の中をさまよい続けたようである。敗戦を知ったのは翌年の一月だった。それからおよそ一年余、沖縄で捕虜生活を送った。

戦後、古川家の婿養子となり、農業をしながら四人の子供を育てた。春馬さんは生前、なぜ勤めに出なかったのかと賢太郎さんに聞いたそうだ。するとたった一言だけ、「嫌やったんや」と答えたという。たった一言なのに、これほどまでに重く、悲しく、そして考えさせる言葉を、私は未だかつて聞いたことはなかった。恐らく賢太郎さんは世間の目を忍ぶために〝隠遁生活〟を選んだのではないかと春馬さんは言った。それは戦後の日本社会の復員兵に対するあまりの冷たさに、憤りとやりきれなさを感じてしまったからだという。

賢太郎さんはまた、家族には戦争のことを一切語ろうとはしなかった。特に沖縄戦のことが重くのしかかり、早く忘れてしまいたかったのかもしれない。しかしそれは、忘れたくても忘れてはいけないという大きな葛藤となった。自分の余生ももう長くはないと察し、八七歳の時に当時の自分の手記や歌集をもとに『みいくさ（御戦）』を書き始めた。自分が経験した戦争を語り継がねばならないという使命感があったのだと思う。亡くなる二、三日前の病院では、夜中ベッドから起き上がり病院内をさまよい歩いたという。遠い昔の記憶がよみがえり、部下を探しに行くからと、看護婦さんに告げたそうだ。本当に最後の最後まで戦争に縛られていたということを伝える印象的なエピソードだ。

今までは文献でしか読めなかった戦争体験が、今回の衣川書簡解読と調査では実際に本人に迫ることができた。所在をつかむまで一筋縄ではいかなかったが、その分たどり着いた時の喜びは一入であった。残念ながら、生きている賢太郎さんご本人にお会いすることはかなわなかったが、ご子息である春馬さんからお話を聞くことができたし、遺品なども見ることができ、大変貴重な経験となった。また衣川賢太郎さんの捜索は、福知山市の坂田さんをはじめとする多くの方々の協力があってこそ成し遂げることができた。この場をお借りしてあらためて御礼を申し上げます。

コラム⑩　「手紙」の持つ力を見直す

市村基裕

二〇〇八年三月八日、私たち三人は卒業旅行として、前回行えなかった賢太郎さんのお墓参りを目的とした二度目の古川さん宅訪問を行った。古川夫妻は前回と同様に私たちを温かく迎えてくれ、私たちは賢太郎さんの墓前に報告と感謝の思いを伝えることができた。

私は、幸運なことに古川さんとのファーストコンタクトと二度にわたる古川さん宅訪問を経験することができた。私は、これらの経験とゼミにおける軍事郵便解読を通じて「手紙」の重要性を再認識せずにはいられなかったと思っている。

私は、軍事郵便は戦争の悲惨さを伝えるものとして認識しており、その一面だけにとらわれていたことは否めない。しかし、それだけではなく人間に内在する儚い想いや、礼節、美徳、文全体の美しさといったものも同時に感じ取ることができた。それは、古川春馬さんの「昭和二〇年を境に日本人は〝日本人〟でなくなった」（二〇〇八年三月八日）という言葉に集約されているのではないかと思われる。戦前・戦中は天皇制イデオロギーの強い時代であったため、自由な記述はできなかったものの、文面からは賢太郎さん自身の「本音」が内在しているように感じた。また、文通相手も手紙を読むことが「心の支え」になっていたと言えるのではないか。そのような意味で「手紙」をみるには多角的視点が必要である。

一方、戦後の日本は復興の面ではアメリカに依存し、歴史的には脱〝日本〟を掲げていて、戦後の教育を受け、物も情報も好きなときに好きなだけ手にすることができる現代の私たち、生きることにそこまで苦労しない私たちには、このような文章を書くことや理解することが難しいのは至極当然である。また、現代の携帯電話やメールのほうが利便性は優れているが、それらは「手紙」ほど心に訴えるものではないと言えるのではないか。その中で、衣川書簡にめぐり合えたことは本当に幸せだったと実感している。

思い返すと、衝撃的で身震いした古川さんとのファーストコンタクトから数年がたち、このような出版という形まで漕ぎ着けることができたことは、古川夫妻の協力あってのことであり、本当に心から感謝している。この場を借り、厚く御礼申し上げる。

終章　軍事郵便に触れることで私たちが学んだこと（座談会）

栃折　それでは、これから座談会を始めたいと思います。司会は、私、栃折が務めさせていただきます。よろしくお願いします。初めて軍事郵便を読んだ時の感想や印象、解読していくなかでイメージが変わったか、あるいは作業で大変だったことなどを教えていただきたいと思います。では、四年生の方から。

青沼　読んでみて最初に思ったのは率直に言って読みづらいということだったのですが、やっていくうちにだんだん読めるようになり、いい経験になったと思います。

栃折　私たち四年生は衣川書簡をやっているのですけど、これは一つ上の代（二〇〇六年度卒）から始まったものですし、その代の中島さんの話も伺いたいと思います。

中島　軍事郵便を初めて読んだときは、読みやすいのもあれば読みづらいのもあって、正直な話、これで戦争を読み解くことができるのかと思いました。読んでいくうちに、書いた人の気持ちが少しずつわかるようになり、家族のことを気にかけたりしていて、当時の人はこういうふうに思っていたのかということを知ることができ、いい勉強になったと思っています。

栃折　今三年生は別の手紙を読んでいるのですけど、三年生はこれまでの取り組みを通してどう思っていますか。

益満　自分たちは別の兵士の軍事郵便を取り扱っているのですけど、その兵士の文章は現代に近いものがあるんです。その書簡に初めて触れたときは、自分が生まれる四〇～五〇年くらい前のものですし、隔たりを感じていたんですが、手紙を読んでいると、特殊なことも書かれているが、普段のことは自分たちと同じ感覚で書いていると思いました。

香川　初めて軍事郵便を読んだ時の印象は、戦時中の生の史料というものを自分で解読しているという嬉しさを感じました。内容に関しては、検閲のせいかもしれないけど、全体的に世間話というか、天気が良いだとか、今の人と変わらないようなことが書かれていて、身近に感じた部分もあります。解読作業で大変だったことは、（手書き文字に）慣れてなかったので、最初は悪戦苦闘していました。

栃折　軍事郵便を読むという作業は、先輩方から代々受け継がれているのですが、その原点には小泉博美さんの軍事郵便をやってきたというところがあると思うのですけど、その時を振り返ってどう思われますか。

神崎　私が初めて軍事郵便に触れたのは新井先生の入門ゼミの時だったんですね。学部一年の時で、少し読んだ程度だったのですが、こんなの読めるのかなとしか思えませんでした。学部の二年になって正規の新井ゼミに入り、小泉書簡に出会う中でそういった考え方が変わっていったと思います。大学所在地と同じ川崎市に宛てられて書かれた手紙で、それだったら少しは身近に感じられるのではということで読み始めたと思うのですけど、軍事郵便を読んでいく中で小泉さんがビルマに出兵していたことぐらいはわかるという状況にまでたどり着きました。ただ、その時は小泉さんの具体的な人物像は明確ではなかったのですが、当時の四年生の方が手紙に書かれている住所を基に調査をしたところ、今の小泉家のご当主を確認して、その方から小泉博美さんの妹さん二人を紹介していただき、そこで初めて博美さんがビルマで戦死したということを知ることができました。手紙の中だけでは読み取れなかったことが、実際に遺族に会ったりすることで明らかになっていき、現実味を帯びたものになったと思います。

浦田　私も入門ゼミから始めたのですけど、最初は変体仮名等に慣れてなかったので、文字を解読する難しさを感じました。だから読むことで精一杯で、手紙が書かれた背景もわからなかったように思いますが、小泉さんの妹さんたちから聞き取りをやって、小泉さんがどういう人かがわかってくるようになってきてからは、小泉さんがとても身近に感じられるようになりました。

栃折　新井ゼミでは手紙を読むだけでなく聞き取り調査や展示もやるので、フィールドワークをした経験についてだとか、三年生は未経験なので今後どうしたら良いかとか思っていることがあると思うのですけど、そういうことを聞いていきたいと思います。では、四年生の青沼くんから。

青沼　一泊二日で兵庫県までご遺族の方の聞き取り調査に行ったのですけど、まるで何週間も滞在したのではないかと思うくらい中身が濃くて、これまでの取り組みの集大成を飾ることができたという感動を得ました。これはぜひ後輩の方々にも味わってほしいと思いました。

栃折　実際に話を伺ってみて何が一番印象的でしたか。

青沼　自分たちが思っていた「衣川賢太郎」像と、ご遺族の方が持っている衣川像との食い違いがあって、ショックを受けたことですね。

栃折　「衣川賢太郎」像というのは、具体的にはどういった点で違ったのですか。

青沼　簡単に挙げると三つありまして、まず一つは文通相手であった富田さんと結婚していたのではないかという推測は大いにはずれていて、ただ本当に文通相手だったということです。かなりの教養を兼ね備えた人物だったのではという人物像では、ご家族が感じている父親像とで異なるところがあったというのが二つめです。三つめは亡くなられる三日前に病院のベッドから起き上がって戦友を探しに徘徊したという話です。病院でその話を聞いた時に息子さんは〝鉄の意志を持った父親〟だったと思ったと言っていました。

栃折　青沼君たちが兵庫に行く前にも、中島さんたちが手紙の宛先だった富田さんの住む富山までフィールドワークに行ったのですが、その時の感想とか、経験したこと、あるいはハプニングとか印象に残っていることはありますか。

中島　衣川書簡は宛先が富山県射水郡というところだったんですけど、射水郡は今でもあるのか調べたらあったんですね。そこで、大学祭の日に僕と菊地君と白石さんと栃折さんの四人で行ったんですね。現地の役所の方と会って、手紙に出てくる密蔵寺のこととか聞いて、密蔵寺に直接行ったんですけど、ちょうどお坊さんがおられて、その人からいろいろと裏話が聞けました。そこから富田さんにお会いできることにつながり、すごくハプニングだらけだったなと思いました。会えたんですけど、私たちは、衣川さんと恋人で、文通相手だったと予想してたのですが、実際は富田さんからは一通くらいしか送ってなくて、あとは一方的に送られてきたみたいに言ってたので、そこは意外でした。ただ、悔やまれるのが質問することをあまり考えてなかったことですね。後になって、これを聞いておけば良かったということがたくさん出てきてしまって、本当に悔しいと思いました。

栃折　フィールドワークをして、手紙に書いてある宛先の場所に自分がいるということに興奮しましたし、運良く富田さんに直接お会いすることができたということは、私にとっても良い経験になりました。ところで、衣川書簡のフィールドワークの前に、小泉書簡の展示にこぎつけ、大成功で終わったのですけど、やはり展示って大変でしたか。

神崎　小泉博美さんの妹さん二人とインタビューをした後に、『専修史学』に史料紹介させていただき、一〇三通の軍事郵便の全文紹介とその目録を付録としてつけました。史料紹介までには、解読作業や内容を読み込んでいって、時代順に並び替える作業が半年もかかったんですね。それらを踏まえて初めて企画展をさせてもらうということになったんですが、これも時間がかかりまして、二〇〇四年の秋に準備作業を始めて実現に至ったのは二〇〇五年の七月のことです。一年かけて準備したわけなんです。初めは展示の方法を練ることから始めました。それと同時に小泉博美さんの年表や、アジア・太平洋戦争に関する年表を作ったりとか、そういう作業もしながら準備を進めたと思います。また、ビルマ戦線に関する文献がたくさんあることを知り、新井先生が入手した膨大な量の文献を、みんなで手分けして、その概要を二百字程度でまとめるという作業もしました。そういう準備作業を経て、最終的に展示したのは小泉博美さんの軍事郵便と遺品と写真、あとはビルマ戦線に関する文献と年表や地図といったものになりました。展示期間の中で、当時のゼミ生は順番で受付の経験をしたと思うのですけど、そういったなかで来場者との直接のやりとりもたくさんあって、そこで学び得たものも少なくないんじゃないかなと思います。

栃折　その時私は二年生で、受付の担当は一度でしたが、来場者とのやりとりはありました。実際来てくれた方とのやりとりのなかで、エピソードなどを持っている方とかいますか。

青沼　私が受付だった時ですが、一人のおじいちゃんが展示を見終わった後に、とつぜん目の前に来て、「九条を変えちゃいかん」と言ってきたんですね。それでカルチャーショックを受けたのですけど、戦争に対する反発というものが時を越えてストレートに出てきました。それだけ根深いものなんだなとその時に感じました。

中島　僕が受付にいた時に、「新聞を見て来た」という方がけっこう多くて、その新聞の切り抜きを持って来てくださる方もいたんですよ。あと足が悪いのに来てくださった方とか多かったです。なかには、自分も内地との手紙のやりとりの経験があり、すごく懐かしいから、もっとこういう展示や研究をやってくれと言う方も多くて、展示をやって本当に良かったなと思いました。

神崎　実は展示期間中にアンケートをとっていたんですけど、「どういう媒体を通して企画展があることを知りましたか」という質問をしたんですね。その中で新聞が一番多くて四〇・一％、次に人から聞いてというのが二五・七％、テレビのニュースでちょっと流していただいたんで、テレビを見て来ましたって方が一九・四％でした。最終的にアンケートに答えてくださった方は二一一名で、それ以外で展示を見てそのまま立ち去った方を含めると五百人くらいで、ちら見していった学生とかも含めると千人くらいは来たのではと思います。外部から来てくださった方の中で特に多かったのが、六十代から九十代までの戦争体験者なんですね。自分の戦争体験を熱心に語ってくださる方が多くて、さまざまな経験を聞き取ることができ、そういう意味でも得るものがかなりあったのではないかと思います。

栃折　宮崎さんは小泉書簡と衣川書簡の両方にからんでいるわけなんですけど、小泉展示の時はどうでしたか。

宮崎　小泉展示はやはり先輩たちの力が大きく、ちょっと下の僕たちは微力ながらお手伝いをさせていただいた形だったんですけど、展示を見に来られる方というのは、こういう場でしか話せない戦争体験を持っていて、それを今の学生に伝えたいという思いが強く、私たちを前にして話をしてくださったんです。僕らのほうはそんなことを少しも考えてなかったのですが、この展示を経験して良かったなと思います。

栃折　今三年生が新しい軍事郵便を解読していると思うんですけど、今後はフィールドワークなどをやると思いますが、そういった展望はどうですか。

益満　三年生が担当している一兵士の書簡については、仮目録の作成と解読文を完成させるといった基礎的なデータづくりという段階です。ただ、これから手紙の差出人だった方とのコンタクトをどうしようか模索しているんです。手紙が書かれた時からずいぶん時間が経っているだけに、足跡を追っていくというのは予想以上に難しいなと実感しています。

島　いまの話を受けて、先輩方はどうやって足跡を追ったのかについて、誰かお聞かせ願えませんか。

中島　僕たちの場合は、手紙に書かれた富山県射水郡という住所を見て、役所にこの住所は本当にあるのかとメールで聞いたところから始まりました。「実際にあります」という返事が来たんです。ただ、今は個人情報保護法というのがあるので注意が必要なんですけど。フィールドワークに行って、近所にずっと住んでいる人に「こういう人いませんでしたか」みたいな感じで聞いてみる方法もあると思います。

栃折　私の時は、衣川さんの所在がなかなかつかめなかったので、まずネット検索をして衣川家は京都が一番多いことがわかったところから始まっています。在郷軍人会とか、所属していた隊の会とかも、できる限り調べていったんですけど、それでも壁に当たってしまったんです。富田さんに思い出してもらえませんかと手紙を何通か送ったところ、「福知山」という地名を思い出してくれたんです。今はなかなか入手できないと思うんですけど、あるルーツで衣川姓の多い地域の電話帳を手に入れることができて、片っ端から電話で当たってみたんです。そしてようやくたどり着けたんです。私たちの場合は、運がよかったんです。

浦田　まずはしっかり住所確認ですね。

益満　私たちも高沢君に頼んでその辺を調べてもらったんですけど、当時の住所は、昭和四十年代頃までは使われていて、そこから現在ではこの辺りだという目星をつけました。

中島　キーワードは何かない？　お寺の名前とか。

益満　奥さんとの間で交わされた手紙が大半を占めていて、あえてキーワードがあるとしたら、庭付きの家に住んでいたくらいだと思うんですけど。

島　キーワードと言うのかわからないけど、カメラや写真がすごく好きで、現地の方の写真を撮って送っているんですね。当時カメラって高そうなイメージがあるじゃないですか。だから結構裕福な家だったのかなというイメージがあります。

栃折　とにかく何かしらアクションを起こしてみることが大事ですね。三年生の方には頑張ってもらいたいと思います。では、話が変わってしまうんですけど、軍事郵便を読む前と読んでからの戦争像や戦争観にギャップはありますか。

神崎　これまでは、歴史の教科書やテレビ、本などで見たような戦争像をぼんやりと描いていて、一人一人の兵士の姿だとか、国民の姿だとか、普通の人たちの姿というのが見えてこなかったと思うんですね。だけど軍事郵便という史料を使うことによって、一人の兵士の視点から戦争を見ることができるんじゃないかと思いました。兵役にとられるまでは普通の生活をしていたわけなんです。それが戦争になって家族や友人から離されて、場合によっては理不尽なことに、命を落とさなければならないという状況になるわけです。軍事郵便に書かれている描写なんかを見ていくと、軍隊の中では兵士という立場でも、当たり前のことですが、家族にとっては父親だったり兄弟だったり身近な存在で、それが戦争によって引き裂かれていくってことを、軍事郵便に触れることで初めて感じとることができました。

益満　横溝正史の『慰問文』という軍事郵便を題材として取り扱った小説を読んだことがあって、海軍の兵隊さんと国民学校五年生が交流していることが書かれているんですけど、五年生の子がせっせと慰問袋を作って海軍さんに送っていくんです。銃後にいた国民というのは、戦争の状態をニュース映画なり報道なりで受け取る存在だと思うんですが、その銃後の存在自体が、軍事郵便を通して前線に物を送るとかして戦争に貢献しているんです。兵隊さんだけでなく全体として参加するような感覚があったんじゃないかと感じました。

栃折　実際、軍事郵便を読んだ上で、衝撃的だったことはありませんか。

香川　私が読んだ軍事郵便の中に、戦死した友人の墓参をしたり、家屋を焼き討ちにしたということが書いてあって、私たちのようなごく一般の人が、焼き討ちだとかを経験している実態を、教科書ではなく軍事郵便を通して身近に知ることができました。

栃折　軍事郵便は、パソコンや携帯電話がなく手紙でやりとりするしかないアナログの時代の中で、何ヶ月に一回かわからないんですけど、すごく希少価値があったと思うんですね。ただ現在は手紙以外にメールも電話もできるデジタル社会なんですけど、今の手紙の価値と軍事郵便の手紙の価値というのは同じだと思いますか。また、今私たちデジタル世代が軍事郵便を読む意味は何だと思いますか。

益満　軍事郵便というのは、メール等に比べるといろいろ制約があるじゃないですか。月に何回も出せる代物ではないし、その分相手に伝えたい思いというものが密度濃くでているんじゃないかと思います。その辺がデジタルにはない特色なんじゃないでしょうか。

栃折　今でも手紙を書く時がありますけど、手紙には手紙の良さがあって、人によって書き方が違ったりだとか、今日は元気があるから筆圧があるぞとか、それは現在でも当時でも変わらない共通の良さだと私は思うんです。ただ軍事郵便は、戦地と内地をつなぐ唯一の手段であったというところが大事なのかなと思っています。

浦田　軍事郵便には、自分の思いとかだけでなく、その土地の風景や気候、文化なども書かれていて、「記録」という側面もあると思います。

益満　似たような話を新井先生から伺ったことがあります。当時だいたいの人が出征という経験を通して初めて日本以外の土地に出たと思うんです。なので、初めて異文化に触れた人の記録みたいな側面もあるように自分も思いました。

神崎　浦田さんと益満さんが言っていたように、小泉書簡を通して学んだことなんですけど、ビルマの風景だとか、どういう人が住んでいてどういう風習があるのかということを、博美さんの視点で書かれていて、当時の兵士が異国の文化をどのように見ていたかという意味でも貴重な史料だと思います。検閲がありますので書けることは限られていると思うんですけど、そのなかでもできる限り得た情報を一生懸命書いて、「ビルマってこんなところですよ」ってことを家族に紹介しようという考えだったのかもしれません。しかし、その当時家族の方がこの手紙から読み取ったものと、現代社会を生きる私たちが読み取ったものは違うものがあるんじゃないか。そういうことを考えると大変おもしろい史料だと思っております。

栃折　院生や先輩方、お忙しい中で時間を作って来てくださり、ありがとうございました。三年生に関しては今後の成果を何かしらの形で発表していただきたいと期待しております。では、これで座談会を終わりにします。

日時　二〇〇七年七月五日
場所　専修大学生田校舎九号館
参加者（五十音順）
二〇〇五年度卒業生　浦田大奨・神崎梨沙
二〇〇六年度卒業生　中島隆太・宮崎翔一
四年生　青沼大輔・栃折敬子
三年生　香川友紀・島　太一・堀江隼人・益満隆行

あとがき

軍事郵便解読を経験したゼミ生が記しているように、軍事郵便を読むことは、一九八〇年代から九〇年代に生まれた世代の現代の学生にとっては、近世や明治期の古文書を読む感覚に近いものがある。たかだか六〇余年ほど前の、ゼミ生と同じ世代の若者が書いた手紙を、すらすらとはとても読めない。つまり現役の学生にとっては、祖父母の世代の文章が読めないということになる。文章読解力は、この時点で六〇年という歳月以上に懸隔が生じているといえよう。

そんなことを考えると、軍事郵便を読めるようになることは、近現代の文書の読解力を向上させることにつながる。それは、私が毎年、ゼミ生に軍事郵便を読ませる狙いの一つでもあった。

ところで、六〇年前の同世代の若者が出した戦地からの手紙を読む時は、平常時の手紙と比べて、いくつか考えておかなければならないことがある。

軍隊という組織内にいて、かつまた戦地という、いつ死ぬかわからない、まさに生死が隣り合わせの異域の地から故郷に宛てて出された手紙や葉書は、幸いにもそうした経験をしないですんでいる現代の日本の若者に、どのように受け止められるだろうか。私がゼミナールで軍事郵便を読ませることにしたのは、こうした問題意識を持っていたからでもある。

さらに、日本の近現代史の中で、戦争の歴史の位置づけについて、戦場に身を置いて、自分の肉体を戦地にさらけ出して戦った丸裸の一人の兵士の視点から見るとどのように見えてくるのかを、軍事郵便を通して見てみたいという願いも同時に秘めていたのである。しかしこれらについて、正直なところ、学生の反応も含めて十分な見通しを持っていたわけではなかった。試行錯誤でもあったのである。

ただゼミナールで軍事郵便を取り上げるとき、最初に次のことだけは必ず強調することにした。

一、一人のごく普通の兵士が、故郷の肉親や兄弟姉妹たちに宛てて、初めて改まった気持ちで書き綴った手紙であること。

二、軍隊に所属し、戦いの現場である戦地や、厳しい組織のなかの一員として日常をおくっている一人の若者が、ごくごく限られた時間の中で必死に書いた手紙であること。

三、その表書きに記された受取人以外に、おそらく初めて読んだ人間に自分がなるということを自覚すること。軍事郵便にとっては、六〇余年ぶりに、それも同世代の若者に読まれることになること。

四、軍事郵便には検閲があったことを理解しながら、その兵士がどんな文面を書いていたのか、同時にまた何が書けなかったか、あるいは何を書かなかったかを、葉書や手紙の紙背から読み取る努力をすること。つまり書いてあることだけに注目するのではなくて、書かれなかったこともしっかり考察してみること。

少なくとも、こうしたことを頭の片隅において軍事郵便に対峙することを、学生に求めたのである。それはすでに色あせはじめている半世紀以上前の手紙や葉書の取り扱いにも反映するし、真剣な態度で向きあうことにつながると思ったからである。

私のゼミでの課題を軍事郵便にしてから、すでに六、七年は経過しているが、ここで取り上げた小泉書簡、衣川書簡の例のように、学生の反応は私の予想をはるかに超えたものになった。当初私が目論んでいた、戦争観をどのように塗り替えることができたのかは、まだ未知数のところがあるが、その変化の兆しは見えてきたのではないかと思っている。

解読から始まって、書かれていることの意味の考察や、書いた人の人間性や家族関係、さらには戦地の状況や戦況、初めての海外体験が戦場だったことの意味などにも注目しての研究、その成果を学会誌へ資料紹介、さらに同世代の学生や一般の人に向かってのメッセージ、成果の公開という意味で特別展示の実現、調査過程での遺族の追跡やフィールドワーク、関係者からの直接の聞き取り調査など、学生にとっては初めて尽くしの経験となったが、この本という形に凝縮されたように、得たものも大きい。

ゼミ生のコメントなどにみられるように、少なくとも「歴史に触れる」「歴史を学ぶ」「歴史を調べる」ことを通して、「歴史に学ぶ」という歴史学の原点の入り口くらいには、立てたのではないかと思っている。

こうしたゼミ生の経験を、このような本にするにはいくつかの曲折があり、当初の計画からは、ずいぶん歳月がかかってしまった。刊行への道は直線的には進まなかったが、専修大学が創立一三〇年を迎えた記念すべき年に何とか実現できたことを、ゼミ指導担当の教員として共に喜びたい。この本は、あくまでもゼミ生主体で編集が進められたことを強調しておきたい。出版計画からの時間が長かったこともあって、この編集にあたった学生はすでに卒業してしまった学年であるが、現役生も含めて、先輩後輩の協力関係があってこそ実現したともいえよう。いわば、歴代のゼミ生と助手(栗津賢太・後藤康行・小薗崇明)や院生も含めた新井研究室の総力を結集しての成果となった。編集の最終段階で、本書の意図を考慮し、新井が一部、修正補筆した。

ゼミ活動の一環として学生たちが自主的に実践した聞き取り調査やインタビューなどに、時間を割いて快く応じていただき、手紙等の公開にもご理解をいただいた軍事郵便の旧所蔵者や関係者の下記の方々のご協力に、改めて感謝申し上げる。こうしたご協力とご支援がなければ、私たちのこうした成果を生み出すことも難しかっただろうと思っている。この場を借りて厚く御礼申し上げます。

小泉冨美子様(神奈川県川崎市)　仲道敬子様(神奈川県川崎市)
古川春馬様(兵庫県朝来市)　黒川賢子様(富山県射水市)

また、専修大学としてのゼミ活動への支援と理解にも改めて感謝したい。ゼミでの活動の成果を、「SI Libretto」（エスアイ・リブレット）の一冊として刊行を認めてくれた大学当局の英断に感謝申し上げる。また、刊行のきっかけをつくってくれた専修大学出版企画委員会（委員長 大庭健教授）と編集担当の専修大学出版局の笹岡五郎氏の的確なアドバイスとご支援にも改めてお礼申し上げたい。さらに、軍事郵便研究に取り組むようになったゼミ活動に早くから注目し、その都度「ニュース専修」にとりあげていただいた田村みどりさんにも感謝したい。

最後にゼミ生のこれまでの各地の調査や聞き取りなどにあたって、経験不足から生じた失礼の段、ご寛容いただきたい。

二〇〇九年一〇月

日本近現代史ゼミナール指導　文学部教授　新井勝紘

軍事郵便研究に関わった「日本近現代史ゼミナール」メンバー

（五十音順）

2003年度卒　大須賀悠起子　佐藤圭　椎名誠二　塩川広之　星野大助　本山創造　山崎香織　山本拓実　和谷征幸

2004年度卒　朝倉裕子　上竹奈緒　荻原悠司　杉山比呂之　竹原敦子　東海林ひとみ　中原奈美　丸岡隼　山本由児　吉本絵美　渡部裕章

2005年度卒　浦田大奨　神崎梨沙　郡司篤

2006年度卒　新井達人　赤上絵美　小島伸幸　菊地太郎　黒川梨奈　小林裕美　斉藤宏幸　佐久間悠貴　佐藤彰浩　猿渡惇　白石敦子　白鳥裕　仙波航　高野めぐみ　田中望美　戸部貴仁　中島隆太　藤木慶　前田若葉　増田充宏　宮崎翔一　武藤拓矢

2007年度卒　青沼大輔　市村基裕　渋谷雅美　栃折敬子　中川公太　中村佳織　野村健一郎

2008年度卒　大沼雄裕　香川友紀　関雲菲　小松将人　島太一　城田真一　高沢達也　中山友里恵　福山和哉　堀江隼人　益満隆行　丸山浩太郎

（以上64名）

新井勝紘（あらい　かつひろ）　1944年　東京都生まれ

東京経済大学経済学部卒業　町田市史編さん室・町田市立自由民権資料館主査を経て、国立歴史民俗博物館助教授へ転職し、そこで常設展示の近代展示を担当　2001年度より専修大学文学部教授

［著書・論文］ 編著『自由民権と近代社会』（吉川弘文館，2004年）　共編著『多摩と甲州道中』（吉川弘文館，2003年）　編著『近代移行期の民衆像』（青木書店，2000年）　編著『戦いと民衆』（東洋書林，2000年）「パーソナルメディアとしての軍事郵便」（『歴史評論』682号，2007年）「軍事郵便の基礎的研究（序）」（『国立歴史民俗博物館研究報告』126号，2006年）

SI Libretto —— 003

ケータイ世代が「軍事郵便」を読む

2009年11月15日　第1版第1刷発行

編　者　専修大学文学部日本近現代史ゼミナール
発行者　渡辺政春
発行所　専修大学出版局
〒101-0051 東京都千代田区神田神保町3－8
㈱専大センチュリー内
電話 03 (3263) 4230㈹
装　丁　本田　進
印刷・製本　株式会社加藤文明社

ISBN978-4-88125-230-7

創刊の辞

専修大学創立一三〇年を記念して、ここに「SI　Libretto（エスアイ・リブレット）」を刊行いたします。専修大学の前身である「専修学校」は、明治一三年（一八八〇年）に創立されました。京橋区木挽町にあった明治会堂の別館においてその呱々の声をあげ、その後、現在の千代田区神田神保町に本拠地を移して、一三〇年の間途絶えることなく、私学の高等教育機関として、社会に有為な人材を輩出してまいりました。明治維新前後の動乱の中を生き抜いた創立者たちは、米国に留学し、帰国して直ちに「専修学校」を立ち上げましたが、その目的は、日本語によって法律学および経済学を教授することを突破口として、市民レベルから社会の骨格を支える有為な人材を育成することにありました。創立者たちのこの熱き思いを二一世紀に花開かせるために、専修大学は、二一世紀ビジョンとして「社会知性（Socio-Intelligence）の開発」を掲げました。

大学の教育力・研究力をもとにした社会への「知の発信」を積極的に行うことは、本学の二一世紀ビジョンを実現する上で重要なことであります。そこで、社会知性の開発の一端を担う本を刊行することとし、その名称としては、Socio-Intelligence の頭文字を取り、かつ内容を分かり易く解き明かした手軽な小冊子という意味を込めて、「SI　Libretto」（エスアイ・リブレット）の名を冠することにいたしました。「SI　Libretto」が学生及び卒業生に愛読されるだけでなく、専修大学の枠組みを越えて多くの人々に広く読み継がれるものに発展して行くことを願っております。本リブレットが来るべき知識基盤社会の到来に寄与することを念じ、刊行の辞といたします。

平成二一年（二〇〇九年）四月

第一五代学長　日髙　義博